Prof. K. Tepperwein/Felix Aeschbacher

Das Neue
Anti-Ärger-Programm

mit Anleitung zum Glücklichsein

© 1989 by RVA Rubin Verlagsanstalt, Vaduz
Alle Rechte vorbehalten!
Schutzumschlag: Helmut Böhlke
Redaktion: Birgit Rupprecht-Stroell/Felix Aeschbacher
Herstellung: Druckerei E. Ochsner, Einsiedeln

ISBN 3-907910-03-6

Einleitung 9

1. Kapitel

Ärger 11

– Wie entsteht das Gefühl des Ärgers? 11
  Die eigene Einstellung
  Erwartungshaltung
– Wie reagieren wir auf Ärger? 14
– Welche Auswirkungen hat Ärger? 17
– Worüber ärgern wir uns? 19
– Worüber freuen wir uns? 19
  Arbeitsblatt 1: Ich freue mich über 21
  Arbeitsblatt 2: Ich ärgere mich über 23
– «Probleme» machen Ärger 25
– Nachteile des Ärgers 27
– Vorteile des Ärgers 28

2. Kapitel

Lebenseinstellung 31

– Das Problem – ein Lernprozess 32
– Die Einstellung 35
– Der Erfolg 36
– Was ist überhaupt Zufall? 40
– Das Glück in uns 41
– Wünsche 42
– Das Bewusstsein 44
– Die Angst 48
  Arbeitsblatt 3: Ich habe Angst vor 53

3. Kapitel

Die geistigen Gesetze 57

1.Das Gesetz der Harmonie 57
   Arbeitsblatt 4: Gedanken-Liste 59
2.Das Gesetz des Karma 61
3.Das Gesetz der Resonanz 65
4.Das Gesetz der Fülle 65
5.Das Gesetz der Gnade 65
6.Das Gesetz der Vergebung 66
7.Das Gesetz der Entsprechung 66

4. Kapitel

Was möchte ich an mir und meinem Leben verändern? 67

– Die Bestandesaufnahme 67
   Arbeitsblatt 5: Vergangenheit 68
   Arbeitsblatt 6: graphische Darstellung der Vergangenheit 71
   Arbeitsblatt 7: Gegenwart 72
   Arbeitsblatt 8: Zukunft 75
– Unsere Wünsche 77
– Gesundheit 79
– Innere Einheit 81
– Wohlstand 83
– Ja zum Leben sagen 86
– Nie mehr ärgern 86
   Arbeitsblatt 9: Ich will mich nicht mehr ärgern 87

5. Kapitel

Wie erreiche ich meine Ziele? 89

– Praktische Übungen: 89
– Richtig atmen 90
– Bewusstseinsübung 94
  Arbeitsblatt 10: Körpersprache 99
– Mehr lachen 100
– Nein sagen 102
  Arbeitsblatt 11: Hier sage ich künftig Nein 105
– Positiv Denken 106
  Arbeitsblatt 12: Positiv Denken 109
  Arbeitsblatt 13: Positive Aspekte meiner Schwierigkeiten ...111
– So löse ich meine Angst auf 113
– Befreiung von Schuldgefühlen 115
  Arbeitsblatt 14: So löse ich meine Schuldgefühle auf ...117
– 7 Schritte zur Problemlösung 118
  Arbeitsblatt 15: Die Lösung nach dem Fischplan 121
– Unser Anti-Ärger-Programm 123
  Arbeitsblatt 16: Der Ärger-Schlüssel 125
  Arbeitsblatt 17: Zeitplanung 129
  Arbeitsblatt 18: Sinn-volle Nutzung der Zeit 131
– Die Schlüssel zum Glück 132
– Die Geheimnisse des Erfolgs 134
– Ich bin auf dem richtigen Weg 135
– Alles ist gut, so wie es ist 137

Einleitung

Liebe Leserin, lieber Leser,

sicher geht es Ihnen wie den meisten unserer Mitmenschen: Sie ärgern sich – einmal mehr, einmal weniger, aber immerhin **Sie ärgern sich**. Über die Fliege an der Wand, über Ihren Nachbarn oder über die Politik. Was auch immer Ihr ganz persönlicher Ärger sein mag – er muss nicht sein. Wir wissen, wovon wir sprechen – wir haben uns schon seit Jahren nicht mehr geärgert und werden es wohl auch nicht mehr tun. Und auch Sie können dieses Ziel erreichen, wenn Sie sich mit den Ursachen des Ärgers, den Auswirkungen und den Möglichkeiten einer veränderten Einstellung befassen. Ärger ist ja keine selbständige Sache, Ärger ist für manche sogar schon zu einem Teil ihres Lebens geworden. Wir werden deshalb auch tiefer ansetzen, unsere Gedanken, unsere Einstellung beleuchten und ein Programm erarbeiten, das Ihnen hilft, nicht nur Ihre Zukunft ohne Ärger zu gestalten, sondern Ihr Leben insgesamt lebenswerter und schöner zu machen.
Ärger ist zerstörerisch und hindert Sie daran, Freude am Leben zu haben; das Leben in seinen vielfältigen Möglichkeiten zu geniessen. Sie lernen deshalb auch die drei Schlüssel kennen, die es Ihnen ermöglichen, sich nie mehr zu ärgern – und auch andere nicht mehr zu ärgern.
Bewusst-Sein ist hellwaches Da-Sein. Sie lernen, ganz im Hier und Jetzt zu leben und damit Ihre eigene Bestimmung zu finden und zu verwirklichen. Sie werden dann leichter, freier und fröhlicher leben.
Wir haben das Buch so aufgebaut, dass Sie sich zuerst Erkenntnisse erarbeiten über sich selbst, über das Wesen des Ärgers, über die enormen Aspekte, die Ihnen das Leben bietet, sowie

über die geistigen Gesetze. Die Selbstanalyse hilft Ihnen, sich selbst und Ihre Ziele besser kennenzulernen, und in praktischen Übungen lernen Sie, wie Sie diese Ziele erreichen können. Wir wünschen Ihnen viel Freude und viel Spass bei der Lektüre dieses Buches.

1. Kapitel

Ärger

Wie entsteht das Gefühl des Ärgers?
Ärger ist kein von Natur aus im Menschen angelegter Wesenszug. Es handelt sich hier vielmehr um ein Fehlprogramm, das gelöscht und durch ein neues, positives Programm ersetzt werden kann. Aber warum ärgert sich dann eigentlich jeder? Die tieferen Ursachen für unsere konstante Ärger-Bereitschaft finden wir in der Kindheit. Ein Kleinkind hat von Anfang an den Anspruch, seinen Wünschen und Bedürfnissen zu folgen. Es will alles haben, was es sieht, lässt die Dinge fallen, die es nicht mehr mag, und sieht in jeder Einschränkung und in jedem Verbot eine Ungerechtigkeit, gegen die es lauthals protestiert. So hat es auch bei uns angefangen, und vieles aus diesem kindhaften Verhalten haben wir uns auch in späteren Jahren erhalten. Wie viele Erwachsene gibt es, die versuchen, ihre Ansprüche lautstark durchzusetzen! Hier erkennen wir deutlich die Berechtigung folgenden Satzes: «Nur wenige werden erwachsen, die meisten werden nur alt.»
Alles im Leben ist eine Frage der Einstellung – wir werden darauf später noch intensiver eingehen. Wir alle sind doch fest davon überzeugt, dass Ärger etwas ist, das von aussen kommt, das ein anderer uns zufügt. Deshalb glauben wir auch, dass Ärger nicht zu vermeiden ist. Wir ärgern uns, wenn uns jemand die Vorfahrt nimmt oder uns die Tür vor der Nase zuschlägt – wir ärgern uns über Probleme, über Dinge, die von aussen kommen. Daraus fol-

11

gern wir, dass dieses «Ärger-Gefühl» etwas Zwangsläufiges ist. Und hier begehen wir bereits den ersten Denkfehler!

Ärger ist auch eine schlechte Angewohnheit, die wir von Eltern, Geschwistern, Freunden übernehmen, doch überwiegend stellt sich Ärger als Folge einer unberechtigten Erwartung ein. Wir haben nämlich nicht das Recht, von unserer Umwelt, vom Leben oder von einem anderen Menschen irgend etwas zu erwarten. Mit dieser Einsicht kommen wir schon wieder einen Schritt weiter. Wenn ich etwas von einem anderen Menschen, von einer Sache, vom Leben oder von der Zeit erwarte, steht eine einzige Chance, meine Erwartungen erfüllt zu bekommen, tausend Möglichkeiten der Nichterfüllung gegenüber. Damit erhöhe ich meine Chance, mich zu ärgern um ein Tausendfaches. Tritt aber dann tatsächlich das ein, was ich erwarte, macht es mich nicht einmal mehr glücklich, weil ja lediglich meine Erwartung erfüllt wurde, und das ist nichts Besonderes. Stellen Sie sich aber einmal vor, was passiert, wenn Sie selbst Ihre Erwartungen auflösen – **alle** Erwartungen. Die Folge ist, dass – wie bisher auch – 50 % Unangenehmes geschieht. Nun gut, Sie können nicht glauben, dass nur Angenehmes passiert – aber das ist dann auch kein Grund zum Ärgern. Die anderen 50 % entwickeln sich positiv. Und damit haben Sie nicht gerechnet. Sie haben also jetzt sogar einen Grund, sich zu freuen. Wenn Sie sich öffnen für eine neue Lebenseinstellung, dann haben Sie einen riesigen Vorteil: Ihr Leben verändert sich von ganz allein – nur durch Ihre neue Einstellung!

Der Generalbevollmächtigte eines grossen Konzerns hatte mit solchen Gedanken zuerst Schwierigkeiten: «Wenn ich nun aufhöre, von den leitenden Mitarbeitern etwas zu erwarten, dann dauert es nicht lange, bis alles drunter und drüber geht.» Dieser Auffassung mussten wir widersprechen. Natürlich hatte er ein Recht, von seinen Angestellten etwas zu verlangen, schliesslich zahlte er ihnen ein gutes Gehalt. Er bot eine Leistung – also konnte er eine Gegenleistung **verlangen**. Verlangen – nicht erwarten! Hier handelt es sich nicht um eine Wortspielerei. Verlangen heisst: Ich gebe vor, was ich für mein Geld verlange, und ich sorge dann auch dafür, dass dies geschieht. Ich kontrolliere die Ausführung. Wenn meine Anforderung nicht erfüllt wird, ärgere ich mich nicht, doch sorge ich dann noch nachdrücklicher dafür, dass mein Verlangen erfüllt wird. Ich drohe eine Strafe an oder versetze den Mitarbeiter – aber ich ärgere mich nicht. Ich bin aktiv, ziehe Konsequenzen. Würde ich mich ärgern, was würde sich damit ändern? Nichts.

Wenn Sie Ihren Kindern das eine oder andere sagen, dann müssen Sie oft lange warten, bis etwas passiert. Unter Umständen müssen Sie sich sehr oft wiederholen, um ab und zu einen Erfolg zu erzielen. Wir sollten also lernen, Geduld zu haben. Es wird uns leichter fallen, wenn wir erkennen, dass die Dinge um uns herum nicht so sind, wie wir sie gerne möchten. Es ist aber nicht der Sinn unseres Lebens, uns darüber zu ärgern. Wir sollten lieber dafür sorgen, dass alles so wird, wie es sein soll.

«Solange Du dem andern sein Anderssein nicht verzeihen kannst, bist Du noch weit ab vom Weg zur Weisheit.»

Chinesische Weisheit

Man kann sich zum Beispiel auch über Zudringlichkeit ärgern. Aber auch dieser Satz beinhaltet bereits eine Erwartung, nämlich dass der andere höflich und rücksichtsvoll zu sein hat. Wir müssen akzeptieren, dass jeder Mensch das Recht hat, so zu sein, wie er ist. Ich muss damit rechnen, dass der andere unhöflich, ungeduldig und taktlos ist. Ich kann das zur Kenntnis nehmen und kann gleichzeitig für mich die Entscheidung treffen, dass ich mit einem Menschen, der sich so verhält, nicht zusammen sein mag.

Konfuzius sagte: **«Der Weise verlangt alles von sich und nichts von den anderen»**

Fazit:
Schuld am Ärger bin immer ich. Nichts und niemand auf der Welt kann mich überhaupt ärgern. Ich aber kann mich über alles ärgern.

Ich kann den geringsten Anlass nehmen, um mich zu ärgern: Das Wetter, die Politik, meinen Nachbarn. Aus jeder Mücke kann ich einen Elefanten machen. Ich kann es aber auch bleiben lassen. Das ist **meine** ganz persönliche Entscheidung. Wenn sich dieser Gedanke in meinem Bewusstsein verankert hat, dann habe ich mich abgekoppelt von der Zwangsläufigkeit des Ärgers.

Ärger ist einer der häufigsten Faktoren in unserer Zeit für die Entstehung von Krankheiten. Es gibt viele Arten, seinen Ärger zu äussern. Der eine frisst ihn in sich hinein, der andere schreit herum, schreit ihn heraus. Ganz egal, wie wir mit unserem Ärger umgehen, wir sollten uns immer fragen, ob wir dem Objekt unseres Ärgers nicht vielleicht Unrecht tun. Wenn wir uns ärgern und dieses negative Gefühl äussern, tun wir jedesmal mindestens einem damit Unrecht. Entweder demjenigen, den wir anbrüllen, oder uns selbst, indem wir den Ärger unterdrücken, ihn in uns hineinfressen und damit unsere Gesundheit ruinieren. Denn was wir auch als Anlass für unseren Ärger genommen haben, mit dem eigentlichen Ärger hat das gar nichts zu tun. Wir sollten nämlich erkennen und es uns immer wieder bewusst machen, dass es nichts gibt, was uns ärgern kann – weder eine Sache noch ein Mensch. Der einzige auf dieser Welt, der Sie ärgern kann, sind **Sie** selbst. Sogar unsere Sprache macht dies deutlich: «Ich ärgere **mich** über . . . ». Keiner kann mich zwingen, mich zu ärgern. Mit dieser Erkenntnis können wir dann auch nicht mehr sagen: «**Der** oder **Die** ist schuld», sondern müssen uns folglich selbst eingestehen: «**Ich** bin schuld.»

Wie reagieren wir auf Ärger?
Keinesfalls nur mit dem Verstand, sondern sehr stark auch mit dem Gefühl, unwillkürlichen Verhaltensweisen. Oft ärgern wir

unsere Mitmenschen nur, um unseren eigenen Ärger loszuwerden. Die eigene Entlastung ist dabei zweifelhaft, sicher ist nur die Belastung des anderen und folglich auch die Belastung unserer zwischenmenschlichen Beziehung. Solange wir uns ärgern, bestrafen wir uns für die Mängel und Ungeschicklichkeiten anderer. Da Ärger aus uns selbst kommt – was immer wir auch als Anlass nehmen – kann er auch nur in uns und durch uns aufgelöst werden.

Fazit:

Jeder kann sich jederzeit das Ärgern abgewöhnen.

Als Entschuldigung für eine Verärgerung hören wir oft: «Ich bin ja so sensibel!». Mutter sprach von Hilde schon immer als «unser Sensibelchen». Hilde brach nämlich als Kleinkind schon bei einem lauten Wort in Tränen aus, liebte später romantische Klaviermusik und schwärmte träumerisch von einem indischen Guru. Auf Prof. Hüppke musste die ganze Familie Rücksicht nehmen. Wenn im Familienkreis etwas beschlossen wurde, was ihm nicht gefiel, bekam er Herzstechen; wenn der Sohn mit schlechten Noten nach Hause kam, erlitt er einen Migräneanfall – die ganze Familie nahm Rücksicht auf seine zarte Seele. Frau Blumschmitt hingegen hatte keine Freunde mehr, weil sie es nicht ertragen konnte, wenn jemand eine eigene Meinung hatte und es ihr auch noch sagte. Sie war viel zu sensibel, um mit starrsinnigen Menschen umzugehen. Betrachten wir unsere «Sensibelchen», so stellen wir fest, dass sie neurotisch, rechthaberisch und tyrannisch sind. Mit Sensibilität hat das nicht im Entferntesten zu tun. Das Wort «sensibel» leitet sich ab von dem lateinischen Wort «sentire» = «fühlen, empfinden, wahrnehmen». Gerade die Empfindsamkeit fehlt den meisten Menschen, die sich selbst so gern als feinfühlig bezeichnen. Sie sind nämlich nicht empfindsam, sondern empfindlich.

Ein wirklich sensibler Mensch ist ein angenehmer, selbstsicherer und einfühlsamer Zeitgenosse, den diese Eigenschaften viel unempfänglicher für Ärger machen. An äusseren Merkmalen, wie z.B. zartem Körperbau, dünner Haut, ist der Sensible jedoch nicht zu erkennen. Max Schmeling z.B. gehört durchaus dazu. Wie hätte er ohne sein feines Wahrnehmungsvermögen Weltmeister werden können. Er war kein Schläger, sondern ein intelligenter Kämpfer. Pablo Picasso hätte man vom Äusseren her eher in den Boxring gestellt, als in ihm einen sensiblen Künstler, der die feinsten Skizzen zeichnete, zu erkennen. Sensibilität ist nicht von Äusserlichkeiten abhängig – weder vom Aussehen noch vom Beruf, sondern sie ist ein innerer Wert. Wer wirklich sensibel ist, spricht nicht darüber, ja oft weiss er nicht einmal um diese seine Qualität, aber seine Umwelt bemerkt sie sehr wohl.

Es gibt viele Arten, mit seinem Ärger umzugehen. Die einen beissen sich auf die Lippen, werden rot, die anderen werden blass und müssen sich vor Schwäche hinsetzen. Viele verletzen durch Wutausbrüche ihr Gegenüber, ohne danach zu fragen, ob sie recht haben oder einfach nur unkontrolliert ihrem Ärger «Luft machen». Ärger ist auf jeden Fall immer die Folge einer schlechten Gefühlskontrolle und mit vielen Nachteilen verbunden. Die Vitalität wird herabgesetzt, der Blutdruck steigt, und Krankheiten werden geradezu angezogen. Kopfschmerzen, Magengeschwüre, Mattigkeit und schlechter Schlaf, der mit schlechter Laune einhergeht, werden zu sichtbaren körperlichen Merkmalen des Ärgers. Eigentlich kann es sich niemand leisten, sich zu ärgern.

Nicht der Anlass des Ärgers ist wichtig, sondern die Art, wie der einzelne auf bestimmte Ärgernisse reagiert, wie er die Situation einschätzt, wie wichtig er sie nimmt und wie er damit fertig wird. Alles hängt von unserer Einstellung ab. Nicht nur, ob wir uns ärgern, sondern noch sehr viel mehr: Ob wir ein erfülltes, harmonisches und glückliches Leben führen oder nicht.

Welche Auswirkungen hat Ärger?

Je häufiger und intensiver der Ärger erlebt wird, desto stärker sind die Auswirkungen auf die Gesundheit. Grosse Belastungen haben langfristige Folgen für den Gesundheitszustand. Kleine Ärgernisse wirken sich stärker auf das momentane Befinden aus. Erstaunlich ist übrigens, dass positive Erlebnisse vor einem «Ärger-Zustand» ohne Wirkung auf das folgende negative Ärgergefühl sind. Ärger wirkt sich also auf die ganze Person aus.

Wir reagieren

– mit dem Verstand

– mit dem Gefühl

– mit unwillkürlichen Körperreaktionen

– mit zielgerichtetem Verhalten.

Nehmen wir als Beispiel eine halbtags berufstätige Mutter mit drei Kindern. Die junge Frau ist nicht einfach nur im «Stress» – bei ihr läuft folgendes ab:

– Verstand

Sie mobilisiert ihr Gehirn, überlegt sich Gründe, warum es gut für die Kinder ist, immer die Mutter um sich zu haben. Vielleicht versucht sie auch, den manchmal aufsteigenden Ärger, wenn die Kinder sie zu sehr mit Beschlag belegen, zu analysieren. Oder sie überlegt, welche Beschäftigung sie den Kindern anbieten kann, damit sie in Ruhe das Abendessen vorbereiten kann.

– Gefühle

Sie fühlt sich überlastet, ausgeliefert; ist ärgerlich, dass sie wegen der Kinder nicht ihren eigenen Interessen nachgehen kann. Auf jeden Fall ist sie nervös, fährt beim geringsten Anlass gleich aus der Haut.

17

– Körperreaktionen

Sie hat ein dumpfes Gefühl im Magen, oft keinen Appetit und leidet unter Schweissausbrüchen und Herzklopfen.

– Verhalten

Sie bewegt sich hastig, Geschirr geht leicht zu Bruch, sie fährt unkonzentriert Auto und schreit auch schon mal die Kinder an.

Wir brauchen dieses Beispiel nicht weiter auszuführen. Jeder von uns hat ähnliche Erfahrungen gemacht, ähnliche Reaktionen verspürt. Für unsere Überlegung ist es wichtig zu erkennen, dass der Körper immer auf die Stimmung eines Menschen reagiert. Oft wird uns das nur in belastenden oder bedeutsamen Situationen bewusst. Redensarten wie «das schlägt mir auf den Magen», «mir stehen die Haare zu Berge» oder «das Herz hüpft vor Freude» weisen jedoch darauf hin, wie tief das Bewusstsein der seelisch-körperlichen Verbindung in uns verankert ist. So stark ist diese Bindung, dass Gedanken, Gefühle und Erlebnisse körperliche Veränderungen hervorrufen können. Die moderne medizinische Forschung hat inzwischen bewiesen, dass eine äusserst starke Beziehung zwischen körperlicher und seelischer Verfassung besteht. Das Gleichgewicht ist immer dann gefährdet, wenn ein Mensch mit Belastungen konfrontiert wird – körperlicher oder seelischer Art –, denen er nicht gewachsen ist oder denen er sich nicht gewachsen fühlt; so dass sie ihn im wahrsten Sinne des Wortes «aus dem Gleichgewicht» bringen können. Je nach Widerstandskraft reagiert er dann auch im Bereich der unwillkürlichen Körperreaktionen früher oder später mit Störungen – bis hin zur Erkrankung. Sicher kennen Sie auch den sogenannten «Hampelmann-Effekt»: der eine zieht und der andere springt. Wir wissen oft recht genau, wo wir bei wem ziehen müssen, um ihn springen zu lassen. Durchbrechen Sie diesen Mechanismus sowohl aktiv wie auch passiv, d.h. «ziehen Sie nicht am Schnürchen» und reagieren Sie nicht, wenn jemand bei Ihnen den Hampelmann-Effekt ausprobieren will.

Wer sich durch Beschimpfungen kränken lässt, zeigt damit nur, dass es ihm an Klugheit und Selbstvertrauen mangelt. Eine Beschimpfung schafft noch keine veränderte Situation. Sie zeigt lediglich, dass der andere nicht in Harmonie mit sich selbst ist – wir sollten ihm lieber helfen, sich zu fangen, und nicht noch mehr Disharmonie verursachen. Befreien Sie sich von Schuldgefühlen, ärgern Sie sich nicht über Fehler, die Sie in der Vergangenheit gemacht haben. Lernen Sie lieber daraus und machen Sie es in der Zukunft besser. Es wird der Zeitpunkt kommen, an dem Sie dankbar sind für Ihre Fehler, denn sie geben Ihnen die Möglichkeit, sich zu entwickeln. Erkennen Sie, dass Sie seinerzeit nicht anders handeln oder nicht willens waren, sich anders zu verhalten. Ziehen Sie die Konsequenzen und lassen Sie den Fehler los. Er hat seine Schuldigkeit getan. Verzeihen Sie sich und lernen Sie zu leben – leben heisst lernen!

Worüber ärgern wir uns?
Worüber freuen wir uns?
Die beiden nächsten Seiten sind Arbeitsbögen, die Sie bitte spontan ausfüllen. Sie wollen ja Ihr Ziel erreichen, also sich nicht mehr ärgern. Ihr Fortschritt sollte anhand dieser Aufstellung sichtbar werden. Die Liste der Freuden sollte sich verlängern, während die Ärger-Liste schrumpft, bis Sie eines Tages ein leeres Blatt vor sich haben. Machen Sie jeden Monat, z.B. jeden 1. Montag im Monat, eine «Bestandesaufnahme» und vergleichen Sie sie mit Ihrer Erstliste hier im Buch.

Arbeitsblatt Nr. 1

Ich freue mich über

1.

2.

3.

4.

5.

6.

7.

8.

9.

Ich ärgere mich über

1.

2.

3.

4.

5.

6.

7.

8.

9.

«Probleme» machen Ärger

Wir haben 100 Studenten gebeten, ein Jahr lang Buch zu führen über ihre Freuden und über ihre Ärgernisse. Es ist dies natürlich kein repräsentativer Querschnitt, weil natürlich die Schwerpunkte bei Studenten anders gelagert sind als bei Berufstätigen.

Ärgernisse:

– Gewichtsprobleme

– Krankheit

– Verteuerung der
Lebenshaltung

– Hausarbeit

– Arbeitsüberlastung

Freuden:

– harmonisches Verhältnis
zur Familie
und Freunden/Partnern.

– Erfüllung einer Aufgabe

– sich gesund fühlen

– Verantwortung tragen

Diese Liste würde in einem anderen Land oder bei einer anderen Bevölkerungsgruppe vollkommen anders aussehen. Gemeinsam aber wird allen Aufstellungen sein, dass es **Probleme** sind, die Ärger schaffen. Wir ärgern uns also über Schwierigkeiten. Doch was sind eigentlich Schwierigkeiten? Sie entstehen eigentlich nur dadurch, dass unsere Vorstellungen nicht in Übereinstimmung mit den Umständen sind. Warum ändere ich dann nicht meine Vorstellungen? Was hindert mich daran, nichts mehr zu erwarten? Sobald ich nämlich nichts erwarte, entfällt jeder Grund, mich zu

25

ärgern. Die Umstände können nicht mehr mit meinen Wünschen kollidieren.

Schwierigkeiten sind der Sinn des Lebens – so wie das Lernen der Sinn der Schule ist. Schwierigkeiten machen mich aufmerksam auf meine eigenen Unzulänglichkeiten. In dem Masse, in dem ich meine Unzulänglichkeiten abbaue, verschwinden auch die Schwierigkeiten.

Fazit:

Es gibt keine Wirkung (Ärger), wenn keine Ursache (Erwartung) vorhanden ist.

Ich ärgere mich auch nicht, das andere sich darüber ärgern, dass ich mich nicht ärgere!!!

Stellen wir doch einmal die Vor- und Nachteile des Ärgers gegenüber, damit wir hier ganz **klar** sehen.

Nachteile des Ärgers:

– Zeitvergeudung

– Nervenverschleiss

– Energieverlust

– Kopfschmerzen

– Appetitlosigkeit

– Magendruck (bis hin zum Magengeschwür)

– Schlaflosigkeit

– negatives Weltbild

– gebrochene Vitalität, geringere Lebenskraft

– weniger Lebensfreude

– Verbitterung

– Verdrossenheit, schlechte Laune

– mürrische Ausstrahlung

– schlechtes Aussehen

Vorteile des Ärgers

– keine

Vielleicht sind Sie geneigt, hier «sich Luft machen» einzusetzen – doch das ist lediglich ein Schein-Vorteil, denn der Ärger ist ja schon existent. Aber Sie wollen lernen, nicht mehr in eine Situation zu kommen, in der Ärger überhaupt aufkommen kann. Sie wollen nicht nur den richtigen Umgang mit der Ärger-Energie lernen, sondern möglichst diese Energie gar nicht erst entstehen lassen.

Stellen Sie sich ärgerliche Situationen in Ihrem Leben vor, und dann stellen Sie sich vor, wie Sie sich gerade in dieser für Sie schwierigen Situation ideal verhalten, damit kein Gefühl des Ärgers aufkommt. Verbinden Sie dieses neue Verhalten mit einem Gefühl der Freude. Dadurch entsteht in Ihnen ein positives Gefühl, während Sie früher eine solche Situation als negativ beurteilt haben. Diese Methode wird **mentales Umerleben (Imagination)** genannt. Gerade der tägliche «Kleinärger» ist viel schädlicher als die grossen Schicksalsschläge. Erstaunlicherweise sind fast alle Menschen in der Lage, sich den wirklich grossen Problemen des Lebens zu stellen und eine Lösung zu finden. Hingegen sind die wenigsten fähig, mit den kleinen, sich ständig wiederholenden Ärgernissen des Alltags fertig zu werden. Nicht einmal Freude kann den Ärger kompensieren – die negativen Auswirkungen bleiben bestehen. Der Anlass des Ärgers ist dabei nicht von Bedeutung, sondern immer nur die eigene individuelle Reaktion auf diesen Anlass. Zahlreiche wissenschaftliche Untersuchungen untermauern diese traurige Feststellung. Es gibt keine ärgerlichen Dinge – es gibt nur Dinge, die wir selbst bewerten. In der christlichen Lehre finden wir folgendes geistiges Gesetz: «Richtet nicht, auf dass Ihr nicht gerichtet werdet, denn mit dem Mass, mit dem Ihr messt, wird Euch gemessen werden.» Wer nicht erwartet, bewertet nicht – richtet nicht!

In diesem Zusammenhang sollten wir uns auch kurz mit Kritik und Lob befassen: Lob oder Kritik an mir ist immer nur die Meinung eines anderen, die richtig oder falsch sein kann. Hat der andere recht, dann bin ich ihm dankbar, dass er mich darauf aufmerksam macht und mir so Gelegenheit gibt, an mir zu arbeiten, mein Bewusstsein zu erweitern – mich zu verbessern, indem ich Falsches loslassen kann. Ist seine Meinung über mich falsch, dann habe ich erst recht keinen Grund, ärgerlich zu sein, denn er hat sich einfach nur geirrt. Jeder Mensch hat das Recht, sich zu irren. Lobt er mich, so freue ich mich, dass er eine gute Meinung von mir hat, bin mir aber gleichzeitig bewusst, dass dadurch keine veränderte Wirklichkeit geschaffen wurde. Auch das Lob ist nur die Meinung eines anderen über mich. Ich kann mich sowohl bei Lob wie auch bei Kritik ruhig und gelassen verhalten. Allerdings sollte ich immer prüfen, ob und was ich an mir verbessern kann.

Welchen Grund hat nun eine Erwartungshaltung?

Geltungsbedürfnisse, Eitelkeit, Selbsterhaltungstrieb, ja auch kindliche Unreife. Nehmen wir zum Beispiel den Ärger über die Untreue. Untreue gibt es nicht. Ärger darüber ist schlicht verletzte Eitelkeit («Wie kann er mich wegen dieser dummen Ziege verlassen!»). Es ist das Ego, das sich hier aufbäumt («Wie kann er meinen guten Ratschlag, den ich durchlitten habe, in den Wind schlagen!»).

Petrus hat einst Jesus gefragt: «Herr, wie oft soll ich meinem Bruder vergeben? Ich habe ihm jetzt siebenmal vergeben.» Die Antwort lautete: «Du sollst ihm 7 x 7 mal vergeben.» Das heisst, immer und immer wieder – bis er es nicht mehr braucht.

Kurt Tepperwein erhielt einmal während einer Meditation von seiner inneren Stimme folgende Information, die ihn zutiefst erschreckte. Der innere Meister sprach: «Verzeihe niemals!» Betroffen von dieser Information, niemals zu verzeihen, grübelte er darüber nach, wie diese Botschaft wohl gemeint sein könnte, als er wieder seine Stimme hörte: «Denn wenn Du jemandem verzeihen kannst, musst Du ihn zuvor verurteilt haben.»

Fazit:

Wir sollen nicht urteilen und schon gar nicht ver-urteilen, dann gibt es auch nichts zu verzeihen.

Aus diesem Grund kann uns Gott nichts verzeihen, weil er uns nichts vorwirft.

2. Kapitel

Lebenseinstellung

Wir haben uns also entschieden, nicht nur älter, sondern auch erwachsen zu werden, und wir haben uns dafür entschieden, ein Leben ohne Ärger zu führen, intensiver und folglich glücklicher zu leben. Um diese Vorstellung zu realisieren, müssen wir tief in unserem Inneren ansetzen, unser Verhalten kritisch prüfen, falsche Leitbilder loslassen und durch positive Programme ersetzen. Das Leben ist ein ständiger Lernprozess, der niemals aufhört – und nur wer dies erkennt, wird Erfüllung finden können. Der Sinn des Lebens ist die Evolution. Für uns bedeutet das, unser Bewusstsein zu entwickeln, die enormen Möglichkeiten, die in uns angelegt sind, zu entdecken und zu nutzen. Der Motor der Evolution ist das **Problem**. Wir sollten dieses Wort lieber durch «Schwierigkeit» ersetzen, denn Probleme gibt es nicht.

Das Problem – ein Lernprozess

Ein Problem wäre eine Schwierigkeit, für die es keine Lösung gibt. Da es jedoch für jede Schwierigkeit eine Lösung gibt, kann es keine Probleme geben. Jeder von uns hat schon eine Vielzahl von Problemen gelöst. Denken Sie nur einmal an Ihre Schulzeit, an die Grundrechnungsarten. Wir wussten zuerst nicht, wie wir 2 und 2 zusammenzählen sollten. Doch wir haben es gelernt, haben uns die Zusammenhänge erarbeitet und dadurch dieses Problem gelöst. Wir können jederzeit alle Aufgaben lösen, wenn wir unsere Unwissenheit beseitigen und unsere Er-Kenntnisse umsetzen. Am besten kommen wir im Leben voran, wenn wir in Schwierigkeiten eine Herausforderung sehen und uns folgende Einstellung zu eigen machen könnten: «Schön, dass ich wieder ein Problem habe. So werde ich richtig gefordert, muss mich anstrengen, kann wieder etwas Neues lernen und bin gezwungen, mein Bewusstsein zu erweitern. Das ist wunderbar.»
Aber wer denkt schon so? Kaum jemand. Die meisten Menschen versuchen, sich an einem Problem vorbeizumogeln; versuchen, die Probleme zu negieren und wünschen sich nichts mehr als ein problem-loses Leben. Doch ein Leben ohne Probleme wäre absolut sinnlos, wäre nicht lebens-wert – vergleichbar mit der Schule, aus der man den Unterricht entfernte. Sicher wären die Kinder damit einverstanden, aber der Sinn der Schule ist schliesslich der Unterricht, der den Kindern zwar nicht sehr lieb, aber doch notwendig ist. Die ganze Schule wäre sinnlos, würde man den Unterricht weglassen. Genauso ist es mit dem Leben. Ein Leben ohne Probleme hat keinen Sinn, weil keine Evolution mehr stattfinden würde. Wir wären nicht mehr gefordert, bräuchten uns nicht mehr anzustrengen. Es würde sich aber auch nichts mehr verändern. Alles wäre in Ordnung und wir wären zufrieden. Aber: wir würden auf der Stelle stehenbleiben, vielleicht sogar zurückfallen. Aus diesem Grund ist es notwendig, dass wir eine ganz neue Einstel-

lung zu unseren Problemen finden. Wir sollten erkennen, dass es der Zweck unseres Lebens ist, ständig neuen Schwierigkeiten zu begegnen, und dass der Sinn unseres Lebens darin besteht, diese Schwierigkeiten optimal zu meistern und daran zu wachsen und zu reifen. Dadurch erfüllt sich die Evolution. Wir werden vom Leben ge-fördert, indem wir ge-fordert werden. Jeder kann das in seinem eigenen Leben nachvollziehen. Wir werden vom Leben sogar gezwungen, erfolgreich zu sein, um damit die Evolution voranzutreiben. Wir dürfen und können nicht stillstehen. Tun wir das doch, dann erhalten wir «Lebens-Nachhilfe» durch die beiden «Nachhilfelehrer» des Schicksals: Krankheit und Leid. Wir können einem Problem nicht davonlaufen – es holt uns immer und überall ein. Wenn wir uns einer Aufgabe nicht stellen, zwingen wir nur das Schicksal, uns immer wieder mit diesem Problem zu konfrontieren, und zwar solange, bis wir es gelöst haben. Dieser Prozess kann sich über viele Leben erstrecken.

– Unsere Vorstellung vom Leben
Viele Menschen glauben, dass Probleme durch Umstände, durch Dinge, durch Beziehungen – also immer von aussen – entstehen. Dies ist jedoch ein Irrtum. Ein Problem entsteht durch die eigene feste Vorstellung, die wir von den Umständen haben. Hier gibt es zwei Möglichkeiten, diese Vorstellung zu ändern: entweder von aussen oder von innen. Eine Änderung von aussen erfolgt durch eine Veränderung der Dinge, die uns nicht gefallen. Das ist nicht immer möglich, und deshalb muss eine innere Änderung, nämlich eine andere Einstellung, angestrebt werden.

**Gott gebe mir den Mut, die Dinge zu ändern,
die ich ändern kann, die Kraft,
die Dinge anzunehmen,
die ich nicht ändern kann,
und die Gelassenheit,
das eine vom anderen zu unterscheiden.**

Fazit:

Entweder beseitigen wir die Umstände, die nicht mit unserer Vorstellung übereinstimmen, oder wir ändern die Vorstellung, die nicht mit den Umständen übereinstimmt.

Wenn uns ein Auftraggeber zuviel zusätzliche Arbeit gibt, ärgern wir uns. Doch sollten wir dabei bedenken, dass wir unsere Zeit verkaufen – wir erhalten ja eine Gegenleistung, nämlich Geld dafür. Wird mehr Leistung erforderlich, muss auch die Gegenleistung entsprechend angepasst werden. Doch dann ärgern wir uns, dass wir auch noch nachts arbeiten müssen. Wir haben die Möglichkeit, den Auftrag abzulehnen. Ein Auftrag ist zuerst nur ein Angebot. Wir entscheiden, ob wir es ablehnen, es modifizieren oder es annehmen. Oft besteht die Gefahr, dass bei der Ablehnung eines Auftrags der Kunde ganz verlorengeht. Dieses Risiko müssen Sie eingehen, wenn Sie nicht so viel arbeiten wollen. Tröstlich dabei ist, dass wir durch das Loslassen Platz für etwas Neues machen. Nur wenn wir in unserem Bewusstsein an «Mangel» denken, kann sich Mangel erfüllen. Leben wir in der Fülle, muss uns das Leben Fülle liefern.

Jedes Problem hat einen Sinn und will Ihnen helfen, neue Erkenntnisse zu gewinnen. Wenn Sie sich die Probleme fortwünschen könnten, so würden Sie sich eines Ihrer wichtigsten Förderungsmittel berauben. Nehmen Sie deshalb die Probleme an als Aufgabe, die das Leben Ihnen stellt, und an deren Lösung Sie wachsen.

Die Einstellung

Wir arbeiten nicht mit theoretischen Thesen, sondern mit praktischen Aufgaben, die jeder nachvollziehen kann. Stellen Sie sich also einmal folgendes vor:

Sie kommen von einer Geburtstagsparty, sind guter Stimmung, weil es ein netter Abend war, und fahren zügig zu späterer Stunde durch die ruhigen Vororte. Plötzlich kommt aus einer Nebenstrasse ein Wagen geschossen – ohne Licht – und überquert haarscharf vor Ihnen die Hauptstrasse. Instinktiv drücken Sie auf die Bremse, dass es nur so quietscht. Sie kommen ins Schleudern und schlittern dicht hinter dem anderen Wagen vorbei. Dieser entschwindet in der Dunkelheit, der Fahrer hat offenbar noch nicht einmal die Gefahr gesehen oder erkannt. Es ging gerade noch einmal gut. Was passiert nun normalerweise? Sie sind ausser sich, das Adrenalin schiesst ins Blut, und sie ärgern sich, schimpfen und könnten vor Wut platzen. Was ändert sich dadurch? **Nichts!**
Der andere Fahrer hat Sie, Ihren Wagen und Ihre Reaktion gar nicht registriert. Er rast weiter – vielleicht hatte er Streit mit seiner Freundin oder muss zu einem Notfall ins Krankenhaus. Sie kennen den Grund seiner Unachtsamkeit nicht. Aber Sie haben einen triftigen Grund, sich zu ärgern: Der andere ist eindeutig im Unrecht.
Was könnten Sie anders machen?
Sie könnten sich positiv verhalten. Sie könnten sich gratulieren, dass Sie so schnell reagiert und dadurch einen Unfall verhindert haben. Sie könnten vor Ihrem geistigen Auge sehen, was Sie durch Ihr Verhalten alles vermieden haben: Krankenhaus, Streit mit dem Kontrahenten, Ärger mit der Versicherung etc.
Sie haben allen Grund, sich von Herzen zu freuen!

Beide Reaktionen sind durchaus berechtigt und verständlich. Die positive Einstellung ist jedoch weitaus hilfreicher als der Ärger. Sie fühlen sich besser, ja sogar richtig gut. Jede Situation sollten Sie überdenken, sollten sich fragen, ob Sie alles richtig gemacht haben, und Sie sollten eventuell notwendige Konsequenzen ziehen. Wenn Sie nämlich nicht freiwillig an sich arbeiten, dann wird an Ihnen gearbeitet – und das ist weitaus schmerzhafter. Wenn Sie erforderliche Konsequenzen nicht ziehen, dann zwingt Sie das Schicksal dazu.

Der Erfolg

Der kürzeste Weg zum Erfolg ist, sich Erfahrungen und Erkenntnisse erfolgreicher und weiser Menschen zu eigen zu machen und sie in das eigene Leben – entsprechend den eigenen Wünschen und Bedürfnissen – einzubauen. Das heisst nicht, einfach Erkenntnisse anderer zu übernehmen oder anderen nachzueifern. Das ist schon deshalb unmöglich, weil jeder Mensch ein Individuum, ein Original und somit einzigartig ist. Basis für den Erfolg kann deshalb nur sein, sich und seine Fähigkeiten zu erkennen, seine Talente zu entfalten und durch die eigenen Probleme und die Probleme anderer zu lernen und sich weiterzuentwickeln. Erfolg ist kein Geschenk, das vom Himmel fällt. Er-folg kann nur auf etwas er-folgen, nämlich auf Arbeit. Erfolg liegt nicht auf der Strasse, nicht einmal der glücklichste Zufall verhilft uns zum Erfolg. Der Zufall fällt immer nur dem zu, der das Gesetz von Ursache und Wirkung kennt und befolgt. Wer den Grundstein für den Erfolg legt, dem fällt der Gewinn zu. Wir können aber nicht mehr von Zufall sprechen. Erfolg er-folgt, wenn wir richtig denken und handeln, dann fällt er uns zu. Wenn wir nichts mehr verursachen, kann nichts erfolgen. Es geschieht nichts mehr, es geschieht auch kein Schicksal mehr. Dann geschieht Schöpfung. Schöpfung ist Ursache und Wirkung. Die Schöpfung hat sich selbst zu Ende gedacht – das Drehbuch «Schöpfung» ist existent. Wir können zwar dieses Drehbuch nach eigenen Wünschen verändern, müssen diese Änderungen dann aber auch selbst verantworten. Wir können uns aber auch dazu entschliessen, die Vollkommenheit der Schöpfung für uns anzunehmen und in dieser Vollkommenheit ohne eigenwillige Veränderungen zu leben.

Fazit:

Schicksal ist immer die Folge von Eigenwilligkeit

Wir sind alle zum Leben verpflichtet. Dadurch zwingt uns das Schicksal zu leben. Leben geschieht durch uns. Entziehen wir uns diesem Leben, so treffen wir eine klare Entscheidung, für die wir zur Rechenschaft gezogen werden. Nehmen wir dieses Leben nicht nur an, sondern gehen wir unsere Lebensaufgabe mit Freude und einer positiven Einstellung an, dann werden wir erfüllt sein von Harmonie, werden neue Dimensionen erkennen und uns unseren Fähigkeiten entsprechend entfalten, bewusst und glücklich leben können. Dafür ist ständige Arbeit – Arbeit an uns selbst – notwendig. Wir sollten dazu Gottes Segen erbitten, sollten aber nicht erwarten, dass er uns diese Arbeit abnimmt. Auch müssen wir damit rechnen, dass wir nicht immer Erfolge verbuchen können. Beim Vorwärtsstürmen können wir leicht einmal auf die Nase fallen, können Misserfolge erleiden, können auch einmal auf der Stelle treten. Doch das ist nicht das Entscheidende! Und hier sind wir wieder bei der Frage der Einstellung. Der Erfolglose scheitert, weil er mit der Begründung aufgibt, er habe es ja probiert. Der Erfolgreiche hingegen erkennt, dass es auf diese Weise nicht geht, und fragt sich, was er aus seinem Misserfolg lernen könnte. Er wird sich einen anderen Weg suchen, wird ihn ausprobieren –

vielleicht klappt es beim zweiten Versuch. Wenn nicht, dann muss es noch eine andere Lösung geben. Der Erfolgreiche wird sie finden.

Nehmen wir Edison als Beispiel: Er war sicher ein Mensch, der eine enorm hohe Zahl von Misserfolgen zu verbuchen hatte. Er machte 1 180 Versuche – alle erfolglos. Erst beim 1 181. Experiment funktionierte es, und die Glühbirne war erfunden. Er arbeitete mit allen möglichen Materialien, testete sie und musste sie als unbrauchbar aussondern. Seine Freunde, Kollegen und Bekannten bestürmten ihn, doch endlich aufzugeben. Er liess sich dadurch nicht beirren, sondern pflegte zu sagen: «**So** geht es nicht – das ist alles, was ich sehe» – und machte weiter. Und nur **so** hat er es geschafft.

Uns geht es nicht anders. Auch wir müssen uns entscheiden – als erstes, was wir als Hindernis betrachten, und dann, ob und wie wir dieses Hindernis nehmen. Oder ob wir in dem Hindernis schon den Endpunkt unseres Weges sehen und aufgeben. Wir werden in diesem Fall erfolg-los sein, und das Schicksal wird uns zum Erfolg zwingen. Dieser «Erfolgs»-weg wird ein Weg des Leidens werden.

Ziehen wir es deshalb vor, freiwillig den Weg der Erkenntnis zu gehen und aus dem Misserfolg ein Sprungbrett zum Erfolg zu machen. Wir werden erwachsen, d.h. wir wachsen an unseren Erfahrungen, lernen aus unseren Misserfolgen. Für den Erfolgreichen ist der Misserfolg lediglich ein Zwischenergebnis, sozusagen eine Information, wie es nicht funktioniert. Er wird dadurch klüger, weil er weiss, was er nicht mehr ausprobieren muss. Mit jedem Misserfolg werden seine Chancen für den Erfolg grösser. Eine solche Einstellung kann nur zum Erfolg werden! **Wir** selbst werden zum Erfolg. Wenn wir diesen Punkt erreicht haben, brauchen wir keinen Erfolg mehr von aussen – wir wissen, dass die innere Einstellung automatisch äusseren Erfolg nach sich zieht.

Fazit:

Ich werde selbst zum Erfolg – dadurch verwirklicht sich der Erfolg durch mich.

Unser Bewusstsein ist mit einer Schwäche behaftet: Es kann zur gleichen Zeit nur einen einzigen Gedanken fassen. Doch auch diese Schwäche können wir zu einem Motor für unseren Erfolg machen, wenn wir darauf achten, dass dieser Gedanke der richtige ist.

Fazit:

Jeder Mensch ist Schöpfer, Träger und Überwinder seines Schicksals. Schicksal ist die Summe unserer Entscheidungen. Es gibt somit weder unverdientes Glück, noch unverdientes Leid, sondern nur Ursache und Wirkung.

Was ist überhaupt Zufall?

Hinter allem, was geschieht, steht die Ursache. Wir sehen oft nur die Wirkung, die Aus-Wirkung und sollten deshalb lernen, das Kausalitätsprinzip zu sehen: Ursache und Wirkung. Wenn wir den Zündschlüssel umdrehen, springt der Motor an. Hier sehen wir Ursache und Wirkung in unmittelbarer Reihenfolge. Sobald jedoch Ursache und Wirkung zeitlich auseinanderliegen, haben wir schon Schwierigkeiten, diese Zusammenhänge zu sehen, und neigen dazu, dann von Zufällen zu sprechen.

Sehr oft erhebt sich bei grossen Unglücksfällen, bei denen viele Menschen zu Schaden kommen, die Frage, ob es Zufall ist, dass gerade der stirbt, ein anderer schwer verletzt wird und der dritte, der vor einer Stunde noch am Unfallort war, diesen rechtzeitig verlassen hat. Jeder kann beeinflussen, wo er sich zu welchem Zeitpunkt aufhält. Das Leben führt mich weg von Gefahrenstellen, wenn ich sie nicht verursacht habe. Ich kann in einem Gartenhäuschen wohnen, das explodiert – aber ich bin gerade zum Zeitpunkt der Explosion nicht da. Natürlich haben bei Katastrophen nicht die Opfer das Unglück verursacht. Sie haben lediglich verursacht, dass ihnen das zu-stösst, was geschieht. Der Unfall ist nur der Auslöser; die Ursache dafür, dass jemand in ein Unglück verwickelt wird, mag in seinem Leben – vielleicht sogar schon in einem seiner früheren Leben – liegen. Wir alle sind behaftet mit einer Vielzahl von nicht ausgeglichenen Ursachen. Das Leben sucht sich die entsprechenden Möglichkeiten, wie Flugzeugabstürze, Überschwemmungen etc., um auszugleichen und löst so die Ursache aus, die in dem Betroffenen selbst liegt.

Das Glück in uns

«Menschen würden glücklicher sein,
wenn sie nicht danach trachteten,
es zu sein.»

Leopardi

Wenn es uns gelingt, die richtigen Gedanken zum Fundament für unser Leben zu machen, dann suchen wir nicht mehr in Äusserlichkeiten nach dem Glück. Wir brauchen keinen Besitz, keine Anerkennung und auch keine Zuneigung. Wie viele Menschen jagen ein Leben lang äusserem Erfolg nach, weil sie nicht die Sinnlosigkeit ihres Bemühens erkannt haben. Glück ist ein Zustand in uns selbst. Solange wir nach dem Glück suchen, werden wir es nicht finden können. Erst wenn wir das Richtige tun – wenn wir die geistigen Gesetze in unser Leben integrieren, wenn wir in Harmonie mit uns und dem Kosmos sind – dann wird uns Glück automatisch zufallen. Wir können uns dann selbst verwirklichen.

Kennen Sie einen einzigen reichen Menschen, der glücklich ist? Sie werden keinen finden, weil es keinen gibt – weil es ihn nicht geben kann. Er kann wohl zufrieden sein, im besten Fall ist er sehr zufrieden. Aber das Glück hat er nicht gefunden. Ein junger Mann, Vollwaise, ohne Hab und Gut, wollte unbedingt Millionär werden. Es war sein grösster Wunsch, weil er glaubte, dann alles zu haben, was ihm fehlte. Es erschien ihm ungeheuer schön und erstrebenswert, ganz reich zu sein. Eines Tages hatte er es geschafft, er wurde Millionär. Aber das war auch alles – sonst hat sich nichts geändert. Er hat sein Ziel erreicht, aber er ist dadurch nicht glücklich geworden.
Fazit:
Glück ist ein innerer Zustand;
Zufriedenheit kommt von aussen.

Wünsche

Es erfüllt uns mit Befriedigung, ein äusseres Ziel – sei es ein höherer Posten, mehr Lohn oder eine schlankere Figur – zu erreichen. Aber glücklich sind wir deshalb noch lange nicht. Manchmal erfüllt uns sogar eine Leere und Traurigkeit, wenn wir einen Wunsch realisiert haben. Das Schönste war der Wunsch selbst. Jetzt, wo er in Erfüllung gegangen ist, fehlt er uns als Ziel, als etwas, was uns vorher so wichtig war. Diese Erfahrung machte auch unser junger Mann. Als er von Freunden gefragt wurde, ob er als nächstes die zweite Million wolle, wurde ihm bewusst, dass Millionär-sein kein Ziel sein konnte. Das Leben hat ihm seinen Weg – über die Erfüllung seines Wunsches – gezeigt, darüber nachzudenken, was ein wirkliches Ziel ist. Er hat seine Lektion gelernt, hat die Konsequenzen gezogen. Äusserer Besitz ist ein Werkzeug, das brauchbar ist und das Leben vereinfachen kann. Doch dieses Werkzeug muss man loslassen, wenn man es nicht mehr benötigt. Wir müssen darauf achten, dass wir den Besitz besitzen, und nicht umgekehrt, der Besitz uns besitzt. Bei vielen ist das so, aber sie merken es häufig noch nicht einmal.

Es ist schön, ein Haus zu haben. Doch muss es auch gepflegt werden, Reparaturen fallen an, Zinsen müssen bezahlt werden. Kurzum: Ein Palast ist ein Ballast. Solche Dinge sollten wir benutzen, solange wir sie brauchen, aber dann sollten wir sie loslassen.

Das gilt nicht nur für die äusseren Dinge. Wir sollten uns selbst kritisch betrachten und uns fragen, ob wir irgendwo, vielleicht verborgen im tiefsten Winkel unserer Seele, Sklave unserer Wünsche und Begierden sind. Solange Wünsche in uns existieren, zwingen wir unser selbst, sie zu erfüllen, und begeben uns damit zwangsläufig in eine Abhängigkeit. Es bleibt ja nicht bei einem Wunsch. Kaum ist der eine erfüllt, erwachen zwei neue in uns. Wir können doch nicht «leer» – wunsch-los –sein, nur weil wir uns einen Wunsch erfüllt haben. Also setzen wir uns ein neues Ziel und schaffen uns so einen Teufelskreis, dem wir nicht entkommen können. Wir bleiben Sklave, Eigentum unseres Egos. Wunsch ist Eigenwilligkeit. Mit unseren Wünschen befinden wir uns in einer Sackgasse. Doch das möchte kaum einer wissen, solange es ihm noch wichtig ist, Wünsche zu haben.

Es besteht die irrige Meinung, dass ein Leben ohne Wünsche ein trauriges Leben sei. Dabei haben wir sogar den Ausdruck «wunschlos glücklich sein»! Wenn wir erst diesen Bewusstseinsstand erreicht haben, dann werden wir vom Leben reich beschenkt. Durch das Loslassen lässt man das Leben durch sich selbst geschehen. Man fühlt, was das Leben von einem will und erfüllt diese Aufgaben. Ein erfüllter Augenblick folgt dem anderen. In Einheit mit dem Leben zu sein, eröffnet uns neue Perspektiven. Wir können erkennen, dass ein Problem nicht einfach nur gelöst wurde, sondern dass es uns gelungen ist, eine Situation in die Harmonie zurückzuführen.

Der Begriff «Selbstverwirklichung» hat viel Schaden angerichtet, weil er so ausgelegt wird, dass jeder gerade das tun kann, wozu er Lust hat – ohne dabei zu erkennen, dass gerade dieses «sich Treibenlassen» zu einer grossen Abhängigkeit führt. Auch dies ist ein falsches Leitbild für unseren Weg zu innerem Frieden.

Das Bewusstsein

Unsere Erde ist nur ein winziges Staubkörnchen im Universum, das sich dreht und sich dabei um die Sonne bewegt, die wieder nur eine von Milliarden Sonnen ist am Rand der Milchstrasse, die auch nur wieder eine von vielen ist ... und doch haben wir etwas ganz Wichtiges an uns, etwas, das uns von allen anderen Lebewesen und Materien unterscheidet: Unser Bewusstsein. Dieses Bewusstsein – Teil des einen Bewusstseins, das sich vor etwa 80 000 Jahren seiner selbst bewusst wurde – erwachte etwa gegen Ende des Neandertalerzeitalters. Der Mensch dachte über sich nach.

Wir können uns das ganze Bewusstsein einmal bildhaft als Landschaft vorstellen. Das Ich-Bewusstsein ist ein kleiner Teil dieser Landschaft, den wir eingezäunt und in Besitz genommen haben. Das ist dann «unser (persönliches) Bewusstsein». Am Anfang mag dieser Besitz noch klein sein, doch mit der Zeit erweitern wir dieses eingezäunte Stück Bewusstsein, vergrössern es. Aber wie weit wir uns auch ausdehnen, solange ein Zaun da ist, gibt es immer einen Teil ausserhalb, mit dem wir uns nicht identifizieren können, der nicht zu unserem **Ich** gehört. Die anfängliche Enge unseres Bewusstseins entstand durch eine zu starke Abgrenzung. Je kleiner das eigene Bewusstsein ist, desto grösser wird das äussere Bewusstsein empfunden, das Angst verursacht. Angst entsteht aus der Enge – mit einer Erweiterung des Bewusstseins verschwindet diese Angst.

In den letzten Jahren wurde das Bewusstsein fast zu einem Modeartikel. In jeder Zeitschrift, egal welcher Richtung, in Talkshows und in vielen Filmen wurde es als ein sogenanntes «In»-Thema behandelt. Dies hat jedoch kaum dazu beigetragen, die Funktionen des Bewusstseins besser zu erklären. Das Bewusstsein wurde dann noch unterteilt in Oberbewusstsein, Überbewusstsein und Unterbewusstsein. Sie stellen sich jetzt möglicherweise vor, dass es unzählige Bewusstseins oder Bewusstseine gibt, wenn jeder Mensch ausser seinem eigenen Bewusstsein noch Bewusstseinsunterteilungen hat. Wie heisst denn eigentlich der Plural für Bewusstsein?

Unsere Sprache kennt keine Mehrzahl des Bewusstseins, weil es keine gibt. Es gibt überhaupt nur **ein** Bewusstsein, und das ist das kosmische Bewusstsein, das Allbewusstsein. Wenn wir also einen Teil dieses Bewusstseins als **Ich** bezeichnen, mit dem ich mich identifiziere, dann muss es logischerweise auch einen Teil geben, den ich als **nicht Ich** ansehe. Somit gibt es auch keine Einheit. Es ist deshalb unser Evolutionsauftrag, unser Bewusstsein zu erweitern. Dies können wir, indem wir den Zaun, den wir um unser Ich-Bewusstsein errichtet haben, auflösen. Dieser Zaun ist die Trennlinie. Wir – unser Ich, unser Ego – stehen uns selbst im Weg. Gerade dieses Ego hindert uns auch an wahrer Liebe. Liebe ist immer ein Teil Unendlichkeit. Wahre Liebe ist immer Ich-Hingabe und nicht Ich-Behauptung. Erst wenn ich mein **Ich** lasse, finde ich mein wahres Selbst und bin dann fähig, wirklich zu lieben. Wer seine eigenen Grenzen aufgehoben hat, wer sich nicht mehr nur mit einem Teil des Ganzen, sondern mit dem allumfassenden Ganzen identifiziert, der lebt im kosmischen Bewusstsein, in Einheit mit dem Universum. Er ist erleuchtet. Er hat sein **Ich** geopfert und dadurch sein wahres Selbst, d.h. Gott in sich, gefunden.

Intuitiv hat der Mensch schon immer etwas geahnt von seiner Ganzheit, von seinem wahren Wesen, seinem Selbst. Tief in ihm steckt noch die Erinnerung an das Paradies, an den idealen Zustand der Einheit. Dieses Gefühl ist mit Schmerzen verbunden, weil er dieses Eins-sein mit seinem wahren Wesen noch nicht erreicht hat. In ihm wohnt die Angst, sterben zu können, ohne diese Erfüllung je erfahren zu haben. Wir können diesen Weg der Erfüllung gehen, müssen aber vorher den Ballast abwerfen, der uns bei der Erreichung unseres Ziels behindert. Unser ständiger Wegbegleiter ist die Achtsamkeit, die Buddha als das Wichtigste – als Tor zur grössten Weisheit – ansah. Diese Achtsamkeit führt uns zu unserem wirklichen Da-Sein, zu einem bewussten Sein. Es gibt für diesen Weg zur Erfüllung keine Wegweiser, keine genauen Angaben, keine Bücher – im besten Fall kann uns jemand bei der Hand nehmen und uns zum Tor des inneren Tempels führen. Den Schritt über die Schwelle muss jeder selbst tun.

Die geistigen Gesetze sind für alle da, die offen dafür sind, die erkennen möchten, was das Leben «**durch** sie will». Bereits in dem Satz «was das Leben **von** einem will» liegt eine Last, eine Belastung. Wenn Sie so denken, dann scheint das Leben zuviel oder auch das Falsche von Ihnen zu verlangen. Sie ärgern sich, kommen nicht gut mit den Anforderungen zurecht – so marschieren Sie eiligen Schrittes in die selbst gewählte Sackgasse. Sind Sie aber offen und neugierig, fragen Sie sich «was will das Leben jetzt durch mich erfüllen», dann werden Sie wunderbare Überraschungen erfahren können. Sie brauchen nicht einmal an etwas zu denken. Das Leben denkt an alles – die einzige Voraussetzung, die Sie schaffen müssen, ist: **Offen sein** und **da sein**. Vielleicht fragen Sie sich, was das Leben durch Sie verwirklichen will. Finden Sie es heraus: Setzen Sie sich entspannt hin, schaffen Sie eine angenehme, ruhige Atmosphäre, schliessen Sie die Augen und atmen Sie ruhig und langsam. Lassen Sie alles los, lassen Sie geschehen, werden Sie durchlässig. Gehen Sie in sich, tiefer und tiefer.

In diesem wohligen Zustand der Entspannung fragen Sie: «Was will das Leben in diesem Augenblick durch mich? Wie kann dieser Moment optimal ausgefüllt werden?»

Das Leben gibt Ihnen die Idee, z.B. Ihre eigene Erfahrung an andere weiterzugeben. Dann füllen Sie diese Idee mit Leben und Taten aus. Was Gott für Sie tun will, das kann er nur **durch** Sie ausführen. Sie sind ein Werkzeug Gottes, ein Werkzeug des Lebens und lassen durch sich geschehen. Damit dies auch wirklich geschehen kann, müssen Sie für die entsprechenden Voraussetzungen sorgen, um beispielsweise Ihre Erfahrung weiterzugeben. Sie überlegen also, wem Sie welche Erfahrungen vermitteln und wie Sie eine solche Aufgabe angehen können. In diesem Überlegungsprozess wird Ihnen das Leben die richtigen Gedanken eingeben – Sie brauchen diese Ideen dann nur noch zu verwirklichen. Wer das Leben richtig fragt, erhält die richtigen Antworten und Ideen. Leben ist Bewusstsein. Nicht das kleine, begrenzte Tagesbewusstsein, der Intellekt, der alles selbst durchdenken will. Nein, es ist das Bewusst-Sein – das bedeutet, nichts anderes zu sein als **bewusst** zu **sein**. Wir werden von unserem Bewusstsein gelenkt. Wenn wir diese Gedanken auf uns wirken lassen, erkennen wir, dass wir geradezu verpflichtet sind, wohlhabend und glücklich zu sein. Wir alle sind hier, um die geistigen Gesetze zu erfahren und zu befolgen, was automatisch Wohlstand und Glück nach sich zieht. Wer jedoch gegen diese Gesetze handelt, sie eigenwillig verändert, fordert das Schicksal heraus; es nimmt seinen Lauf.

Fazit:
Mein Leben von heute ist ein Spiegelbild meiner Gedanken und Taten von gestern.

Daraus folgt:
Wer morgen glücklich sein möchte, der muss heute richtig denken und handeln, damit sich diese Gedanken in der Zukunft realisieren können. Und was hindert uns nun daran, morgen glücklich zu sein?

Die Angst

Angst nimmt einen grossen Raum im Leben des Menschen ein. Das Wort kommt übrigens aus dem lateinischen «Angustus» = «die Enge». Wenn wir Dinge zu eng und zu begrenzt sehen, wenn wir uns selbst eingrenzen, dann entsteht Angst.

Angst hat viele Gesichter: Wir haben Angst vor Schwierigkeiten, vor Katastrophen, vor einem Unfall, vor dem Verlust des Arbeitsplatzes, vor dem Tod. Angst ist für viele heute zu einem ständigen Begleiter geworden. Am häufigsten wird genannt

– **Angst vor Versagen**

– **Angst vor Sinnlosigkeit des Lebens,
   der Arbeit, der Beziehung**

– **Angst vor Ablehnung**

– **Angst vor Krieg**

– **Angst vor Einsamkeit.**

Die genannten Punkte sind jedoch nur Auslöser der Angst. Die eigentliche Ursache für Angst ist immer die Enge des eigenen Denkens in Verbindung mit unzureichender oder sogar fehlender Religo (= Rückbindung an Gott) an die schöpferische Kraft. Wer das Gefühl hat, auf dieser Welt allein dazustehen, der hat Angst. Wer jedoch die Rückbindung an eine höhere Macht hat und weiss, dass er Gott oder der Natur wichtig genug war, erschaffen zu werden, der weiss auch, dass diese Instanz ihn für wichtig genug befindet, um ihn zu halten.

Wir schaffen Ursachen durch unser Denken. Diese Ursachen können übermächtig werden, wenn die Gedanken zusätzlich mit starken Gefühlen aufgeladen werden. So wird auch Angst zu einer starken Ursache. Wer Ursachen setzt, sollte diese Gedanken mit Freude, Dankbarkeit und Glück erfüllen. Angst funktioniert nach demselben Prinzip, allerdings in negativer Weise. Sie haben eine Befürchtung, und diese Befürchtung erzeugt eine starke, negative Emotion. Die Vorstellung, was passieren könnte, wird mit einem starken Gefühl verbunden. Eine wirksamere Ursache kann man nicht schaffen. Nehmen wir ein einfaches Angst-Beispiel für Ursache und Wirkung:

Jeder balanciert ohne grosse Bedenken und Schwierigkeiten auf einem am Boden liegenden starken Baumstamm. Hängt derselbe Balken aber in 10 m Höhe, wird kaum noch jemand darüber gehen. Jeder stellt sich vor, dass er abrutscht und herunterfällt. Mit einer solchen Einstellung würde diese Vorstellung sogar sehr schnell Realität werden. Schon allein deshalb, weil wir Angst haben, denn dass wir über den Balken gehen können, haben wir ja erfolgreich ausprobiert. Das Gleiche gilt übrigens auch für die Eifersucht – durch die Angst vor Verlust wird gerade die Situation, vor der wir Angst haben, angezogen.

Wir haben 7 Angst-Typen zusammengestellt:

– **Der Drückeberger weicht der Angst einfach aus.**

– **Der Ausreisser setzt sich zwar der Angstsituation aus, versucht aber, ihr so schnell wie möglich zu entkommen.**

– **Der Schwarzseher denkt immer an drohende Gefahren und konzentriert seine Gedanken auf das Schlimmste, das dann zwangsläufig fast immer eintritt.**

– **Der Manipulierer manipuliert die Umwelt so, dass der äussere Schein gewahrt bleibt.**

- Der Phantast geht zwar in die Angstsituation hinein, doch dann überwältigt ihn seine Phantasie. Er stellt sich vor, was alles passieren könnte, und zwar so lange, bis seine Angst übermächtig wird und er sie nicht mehr kontrollieren kann.

- Der Kopflose setzt sich auch der Angstsituation aus, konzentriert sich aber so sehr auf das Angstgefühl, dass er völlig gehemmt ist und nicht mehr vernünftig reagieren kann.

- Der im verborgenen Leidende versteckt seine Angst, geht wortlos in alle Angstsituationen, vergeht dabei aber vor Angst.

Wovor haben Sie Angst?

Welcher Angst-Typ sind Sie?

Füllen Sie das nächste Arbeitsblatt aus.

> **Wer an den Spiegel tritt, um
> sich zu ändern,
> der hat sich geändert.**
>
> (Seneca)

Ich habe Angst vor

1.

2.

3.

4.

5.

Je besser Sie sich selbst kennen, je mehr Sie von sich wissen, desto eher lernen Sie, mit schwierigen Situationen umzugehen. Wie Sie Ihre Angst konkret auflösen können, zeigen wir bei den praktischen Übungen.

Wenn wir erkennen, dass uns nichts im Leben wirklich Schaden zufügen kann, werden wir leichter eine sportliche, spielerische Einstellung zum Leben entwickeln können. Wenn wir Abhängigkeiten als unsere eigene freie Entscheidung für ein falsches Bewusstsein erkennen, können wir daraus schliessen, dass es uns möglich ist, jede Abhängigkeit aufzulösen. Wir ziehen unser Bewusstsein ab von der Abhängigkeit, die letztlich nur aus dem Glauben daran besteht, und lenken es zu Freiheit und Unabhängigkeit. Sobald wir in der Lage sind, unser Bewusstsein mit positiven Inhalten zu erfüllen, wird sich automatisch unser Leben in eine andere Richtung bewegen, wird sich automatisch unser Leben in eine andere Richtung bewegen. Unsere Lebensumstände spiegeln unser verändertes Bewusstsein als Realität wider. Wer sein Bewusstsein auf die richtigen Inhalte lenkt, schafft auch positive Veränderungen in Bereichen, an die er gar nicht bewusst gedacht hat. Es geschieht das Richtige, ohne dass wir es uns bewusst vornehmen.

Nehmen Sie das Leben als Spiel – als ein sportliches Spiel – und lassen Sie uns dieses Kapitel schliessen mit 10 **Lebens-Spielregeln:**

1. Der positive Sportler ist bescheiden und fair.

2. Er visualisiert seine Zielsetzungen.

3. Er sucht bei Fehlern nach den richtigen Lösungen.

4. Er ist ein guter Verlierer.

5. Er ist ein ruhiger und gelassener Gewinner.

6. Er spielt partnerschaftlich und fair.

7. Er spielt motiviert und leistungssteigernd.

8. Er geniesst das Vergnügen des Risikos.

9. Er lässt seinem Spiel-Partner im Zweifelsfall den Vorteil.

10. Er schätzt das Spiel höher als das Ergebnis.

Sie werden nicht nur mehr Freude am «Lebens-Spiel» haben, sondern Sie werden – wie jeder durchtrainierte Sportler – auch (innerlich) fit werden, dynamisch und erfolgreich.

3. Kapitel

Geistige Gesetze

Sie finden hier die einzelnen Gesetze mit Erläuterungen und Erklärungen zur besseren Verständlichkeit. Lesen Sie diese Gesetze immer wieder, lassen Sie sie auf sich wirken. Im Laufe der Zeit werden die Worte in Ihr Inneres dringen und sich dort verankern – Sie werden diese Gesetze dann viel leichter in Ihr Leben integrieren können, und die Wirkung wird nicht ausbleiben.

1. Das Gesetz der Harmonie

(Das geistige Grundgesetz)

Dieses Gesetz gleicht die verschiedenartigen Wirkungen aus und sorgt für die Erhaltung der Harmonie bzw. stellt sie so schnell wie möglich wieder her. Aus diesem Gesetz lassen sich alle anderen Gesetze ableiten.
Eigenwilligkeit ist Disharmonie, durch die man das Schicksal zwingt, die Harmonie wiederherzustellen. Diesen Ausgleich nennen wir individuelles Schicksal. Jeder Mensch wird aufgrund seiner eigenen Erfahrungen feststellen, dass es keinen Zufall gibt. Die geistigen Gesetze wirken in jedem Leben.

Beispiel: Kontrollieren Sie einmal drei Wochen lang Ihre Gedanken. Überprüfen Sie, ob jeder Gedanke Ihrem inneren Massstab entspricht. Unerwünschte, unzulässige, negative Gedanken ändern Sie sofort Ihrem Ideal entsprechend ab.

Damit Ihnen Ihre positive Veränderung auch deutlich wird, arbeiten Sie mit dem folgenden Arbeitsbogen.

1. Woche

Auflistung der positiven Gedanken:

Auflistung der negativen Gedanken, die ich in positive Gedanken umgeändert habe:

erst negativ: **jetzt positiv**

dto 2. und 3. Woche

Sie sehen hier ganz deutlich, wo Ihre negativen «Schwerpunkte» liegen. Mit dieser Kenntnis können Sie dann in Zukunft schneller und gezielter bereits bei den ersten Anflügen negativer Gedanken reagieren.

Es gibt auch keine unrealisierbaren Gedanken. Jeder Mensch trägt entsprechend seinen Vorstellungen auch alle Voraussetzungen in sich. Nur er selbst setzt sich durch seine Gedanken die eigenen Grenzen. Es gibt nichts, was ihn von einer Tat abhalten kann; weder «zu alt», «zu jung» noch «zu arm» etc. sind Hindernisse. Viele bedeutende Kunstwerke oder auch grosse politische Leistungen wurden von Menschen geschaffen bzw. erbracht, die bereits die 70 überschritten hatten (Tizian, Leonardo da Vinci, de Gaulle). Wir können an diesen bekannten Beispielen sehen, dass nur die Grenzen in unserem Bewusstsein aufgelöst werden müssen, um neue Möglichkeiten zu entdecken. Wer Grenzen in seinem Bewusstsein behält, be-grenzt sich selbst.

Entsprechend dem Harmoniegesetz will ich «ich selbst» werden. Sobald ich versuche, wie ein anderer zu werden, verliere ich mich und schliesse meine Selbst-ver-wirklichung aus. Selbstverständlich kann man sich ein Vorbild nehmen, aber dabei sollte man nicht vergessen, **sich selbst** zu verwirklichen.

2. Das Gesetz des Karma

(Sankskrit = Das Geschaffene)

1. Jeder Mensch ist Schöpfer, Träger und Überwinder seines Schicksals. Jeder Gedanke, jedes Gefühl und jede Tat ist eine Ursache, der eine Wirkung folgt. Jede Wirkung entspricht in Qualität und Quantität der Ursache. Schicksal ist die Summe unserer Entscheidungen. Es gibt daher weder Zufall noch Belohnung oder Strafe, sondern allein Ursache und Wirkung.

2. Durch das Beherrschen unserer Gedanken verwirklichen wir das Gesetz des Karma.

3. Jeder Mensch muss solange inkarnieren d.h. wiedergeboren bzw. «zu Fleisch» geworden sein, bis er die Wirkung aller von ihm gesetzten Ursachen erlebt und damit das Gesetz von der Erhaltung der moralischen Energie erfüllt hat.

4. **Karma** entsteht nur durch «Eigenwilligkeit». Jeder Mensch kann sich nur dann vom Karma befreien, wenn er nichts mehr von sich aus will (Dein Wille geschehe), sondern nur noch als Werkzeug des Schicksals handelt (reines, folgenloses Tun).
Viele Menschen haben Schwierigkeiten, mit dem Begriff und der Bedeutung des Karmas zurechtzukommen, deshalb gehen wir hier intensiver auf dieses Gesetz ein:
Der Gedanke ist das Schicksal. Er formt das Leben. Wenn mir mein Leben nicht gefällt, dann muss ich meine Gedanken ändern. Weder Ärger noch Angst vor dem Leben, weder Klagen noch Selbstmitleid helfen mir. Die Kraft, mein Leben zu ändern, ist in mir angelegt und kann wirken, wenn ich **ja** zum Leben sage und mich nicht selbst durch eigene Gedanken einenge. Leben ist Energie!
Lesen Sie dazu die Geschichte vom Wasser:

Es war einmal ein Fisch, der wollte wissen, wo das Wasser ist. Er fragte alle Fische, die er traf, und nervte sie entsetzlich. Eines Tages traf er einen Fisch, der genauso wissensdurstig wie er war. Gemeinsam beschlossen sie, zu einem alten weisen Fisch zu schwimmen, um ihm diese Frage zu stellen. Als sie nach tagelangem Schwimmen endlich den alten, bereits bemoosten Fisch fanden, sagten sie zu ihm: «Weiser alter Fisch, wir sind einen weiten Weg gekommen, um Dir eine wichtige Frage zu stellen. Kannst Du uns sagen, wo das Wasser ist? Wir haben so viel davon gehört, wissen aber nicht, wo es ist.» Der weise Fisch antwortete: «Wasser ist ein Element. Du atmest und lebst nur, weil Wasser da ist. Wo immer Du auch bist, ist Wasser. Es umgibt Dich.» Die bedankten sich bei ihm und schwammen nach Hause. Nach langem nachdenklichem Schweigen sagte einer der beiden Fische: «Das war ja unheimlich beeindruckend, was der weise Fisch sagte. Aber – weisst Du jetzt eigentlich, wo das Wasser ist?»

Genauso ergeht es uns mit der Energie. Wir wollen sie immer haben und bemerken nicht, dass wir selbst Energie sind. Leben ist Kraft. Alles, was wir tun müssen, ist uns zu öffnen für die Energie. Wenn wir keine Energie haben, dann zeigt das nur, dass wir selbst ein Hindernis für unseren Energiefluss sind.
Die Natur hat ihre eigenen Gesetze: Die Erhaltung des Gleichgewichts, das ist der harmonische Ausgleich zwischen Tätigkeit und Untätigkeit. Wer nun übermässig aktiv ist, stört die Harmonie durch seine Eigenwilligkeit, d.h. er akzeptiert diese Gesetze nicht. Durch Erschöpfung und Müdigkeit zwingt uns das Leben, diesen Fehler zu erkennen, damit wir ihn beheben können. Nach getaner Arbeit sollten wir ruhen. Wenn wir das Leben durch uns geschehen lassen, dann brauchen wir uns über solche Ruhepausen keine Gedanken zu machen – wir lassen geschehen und unser Leben verwirklicht auch die Ruhe durch uns.

Lassen Sie uns hier ein Wort zu den Lebensumständen sagen: Wir alle sind Geistwesen, ausgestattet mit vollkommenem geistigen Erbgut, von dem der einzelne unterschiedlichen Gebrauch macht. Jeder Mensch beginnt sein Leben bereits mit Schicksal. Er übernimmt von sich seinen «Schicksalsrucksack», den er in seinem vorigen Leben selbst gepackt hat. Die christliche Kirche nennt das Erbsünde. Wir tragen, was wir im letzten Leben nicht gelöst, nicht aufgearbeitet haben, ebenso wie das, was wir verursacht haben. Damit haben wir unsere Startbedingungen für dieses Leben geschaffen, können jedoch durch unsere Taten und Gedanken jetzt dafür sorgen, dass das nächste Leben anders, besser wird. Mit jedem Gedanken ändern wir unser Schicksal für die künftigen Leben und können so dafür sorgen, dass unser Reisegepäck immer leichter wird. Wenn nun ein Mensch mit einer Behinderung geboren wird, so hat er schlechtere Startbedingungen, hat eine Einschränkung erfahren. Wer hat diesen unvollkommenen Körper verursacht? Sein Geist hat diesen Körper gewählt. Schicksal bedeutet, dass jeder Geist sich seine Eltern, seine Umgebung und zwangsläufig auch seinen Körper aussucht. Wir wählen unsere Eltern sehr sorgfältig aus, zwar nicht nach Katalog wie ein neues Möbelstück, aber doch nach ganz bestimmten Kriterien. Wir machen genau die Umstände an, die unserem Schicksal entsprechen. Die Seele möchte kein angenehmes Leben und sucht nicht die Bequemlichkeit. Sie strebt Vollkommenheit an. Hat sie etwas Disharmonisches verursacht, muss sie die Folgen daraus erleiden, denn sie hat ja die Ursache für dieses Leid geschaffen. Unsere Lebensumstände fördern uns. Obwohl ein behinderter Mensch in einer Weise in seiner Entfaltung eingeschränkt ist, wird er durch das Schicksal auf eine andere Art gefördert. Vielleicht hat er in irgendeinem früheren Leben Sklaven gehalten. Jetzt nimmt seine Seele diesen Umstand aus seiner Vergangenheit, um einen Ausgleich herbeizuführen, und wählt für ihn einen Körper mit einer Behinderung, um diesem Menschen die Erfahrung zu gewähren, die ein unterdrückter, eingeschränkter Mensch macht.

Es gibt weder Schuld noch Sünde. Das Wort «Sünde» kommt vom althdeutschen «Sinte» und bedeutet «trennen». Sünde ist demnach die Trennung von der Harmonie. Wir werden nicht **für**, sondern **durch** unsere Sünden bestraft. Die Trennung (= Sünde) ist die Strafe, die wir uns selbst auferlegen. Nicht Gott straft uns, sondern wir strafen uns selbst. Unser Gott ist kein Gott der Strafe – er ist ein Gott der Liebe. Gehen wir weg vom Licht, werden wir mit Dunkelheit bestraft. Gott hat dieses Gesetz der Bestrafung geschaffen, um uns zu helfen, unsere Fehler zu erkennen. Durch Leid merken wir, dass wir etwas falsch gemacht haben, und können dann unser Verhalten verändern – können das Richtige tun. Jetzt haben wir die Möglichkeit, einen Schritt zur Vollkommenheit zu tun, indem wir alles Unvollkommene sofort loslassen. Das Fehlerhafte wird gelöscht, und das Gesetz erfüllt sich. Als Wesen, die vollkommen erschaffen wurden, können wir falsche Programme auflösen, um unseren Weg zur Vollkommenheit zu finden. Krankheit und Leid sind nur ein Umweg, eine Hilfe, wenn wir den rechten, direkten Weg zur Vollkommenheit nicht beschreiten. Dieser Umweg erlaubt es uns, zu lernen.

Das Selbst ist vollkommen. Wenn die Intuition über dem Verstand steht, kann uns das Leben sagen, was wir tun sollen – auch wenn der Intellekt das nicht einsehen mag. Wer den Verstand herrschen lässt, wird Fehler machen, weil der Verstand nicht dafür geeignet ist, unser Leben zu leiten. Das Leben verlangt Entscheidungen, die der Intellekt nicht treffen kann, weil er unzureichende Informationen besitzt. Das ist auch der Grund, warum heute so viele Menschen Schwierigkeiten haben – sie lassen sich vom Verstand leiten.

«Dein Wille geschehe» – wenn wir danach leben, sind wir frei von Schicksal und haben unser Lernziel erreicht. Die Evolution hat sich damit im ersten Schritt erfüllt. Dieser Zustand, der hier Vollkommenheit genannt wird, ist aber nur die Mindestvoraussetzung, damit wir eine erste kleine Aufgabe in der Schöpfung übernehmen können. Diese Entwicklungsstufe haben wir erst dann erreicht, wenn wir uns nicht mehr mit uns selbst, d.h. mit unseren eigenen Schwierigkeiten befassen müssen. Dann ist es möglich, den Blick auf die Schöpfung zu richten.

3. Das Gesetz der Resonanz

(Lat.: resonare = zurückklingen)

Gleiches zieht Gleiches an und wird durch Gleiches verstärkt. Ungleiches stösst sich voneinander ab. Das Stärkere bestimmt das Schwächere. Angst zieht also an, was wir befürchten. Unser Verhalten bestimmt unsere Verhältnisse.

4. Das Gesetz der Fülle

Jeder kann von der Fülle nur in dem Masse empfangen, wie er selbst zum Kanal wird, durch den die Fülle fliesst. Zum Kanal werde ich, indem ich alle, auch unbewusste Gedanken an Mangel und Begrenzung auflöse. Denn wer da hat (die Erkenntnis), dem wird gegeben; wer da aber nicht hat, dem wird genommen.

5. Das Gesetz der Gnade

Es ist das Recht des Menschen, das er nie verlieren wird, jederzeit aus der Unwissenheit herauszutreten in das Licht der Erkenntnis und sein geistiges Erbe der Vollkommenheit anzutreten.

6. Das Gesetz der Vergebung

Wem Du vergibst, was er Dir angetan hat, dem ist diese Schuld vergeben. In dem Masse, in dem wir unseren Schuldigern vergeben, in dem Masse wird auch uns vergeben.

7. Das Gesetz der Entsprechung

(Das Analogiegesetz)

Wie oben, so unten, wie innen, so aussen, wie im Grössten, so im Kleinsten. Für alles, was existent ist, gibt es auf jeder Ebene des Seins eine Entsprechung. Wenn wir eine Wirkung haben, so muss es dafür eine Ursache geben, die dieser Wirkung entspricht. Wer Gedanken der Bitterkeit in sich hat, zwingt dadurch sein Leben, einen Grund für diese Bitterkeit zu geben. Die äusseren Lebensumstände entsprechen immer dem inneren Sein. Das Äussere ist nur durch eine innere Veränderung veränderbar. Wer sein Leben ändern will, muss seine Gedanken, seine Gefühle und sein Verhalten ändern. Der Gedanke ist der Vater aller Dinge.

«Jeder falsche Gedanke ist ein Auslöser, um die richtigen Gedanken ins Bewusstsein zu nehmen!»

4. Kapitel

Was möchte ich an mir und in meinem Leben verändern?

– Die Bestandesaufnahme

Um diese Frage richtig beantworten zu können, müssen wir uns selbst richtig kennenlernen. Denn erst die Selbst-Erkenntnis macht uns unsere wirklichen Ziele deutlich. Wir müssen herausfinden, was gut ist an unserer jetzigen Situation, was uns nicht gefällt und was wir unbedingt schnell verändern wollen, damit wir uns wohlfühlen, damit wir zu innerem und folglich äusserem Frieden, zu Ruhe und Harmonie finden können.

Bevor wir das Morgen gestalten, wollen wir uns mit der Vergangenheit und der Gegenwart befassen, damit wir die Fragen nach dem Wohin beantworten können. Nehmen Sie sich Zeit und Ruhe für diese Selbstanalyse – sie ist wichtig für Ihre Ziele, denn sie ist praktisch die Basis für Ihre Zukunft. Und Sie wissen auch, dass kein Haus stabil sein kann, wenn das Fundament nachlässig und nicht exakt erbaut wird.

I. Vergangenheit

Lassen Sie Ihre Vergangenheit vor Ihrem geistigen Auge Revue passieren:

– Was erfüllt mich mit Freude und Glück?

1.

2.

3.

– Welche Ziele habe ich erreicht?

1.

2.

3.

– Welche Voraussetzungen habe ich dafür erfüllt?

1.

2.

3.

– Was hinterlässt ein unangenehmes Gefühl in mir?

1.

2.

3.

– Was habe ich falsch gemacht?

1.

2.

3.

– Welche Zeichen habe ich nicht gesehen?

1.

2.

3.

Damit Ihre Vergangenheit deutlich sichtbar wird, füllen Sie die Lebenskurve mit verschiedenen Farben – je nach Bereich – aus. So sehen Sie genau Ihre Höhen und Tiefen.

Meine Vergangenheit

– Privat

– Beruf

– Hobby

– Interessen

– Wünsche

– Ideale

– Glücksgefühl

– Harmonie

II. Gegenwart

Erstellen Sie Ihren Ist-Status:

a) Stellen Sie sich vor den Spiegel und betrachten Sie sich in aller Ruhe, und dann beantworten Sie folgende Fragen:

– Ist mir mein Gegenüber sympathisch?
– Was zeigen seine Gesichtszüge?
– Was gefällt mir?
– Was gefällt mir nicht?
– Möchte ich mit ihm befreundet sein?
– Kann ich ihn lieben?
– Wenn ja – warum?
– Wenn nein – warum nicht?
– Was sollte er an sich ändern?

b) Privatleben/Familie

– bin ich mit der Situation zufrieden?
– warum?
– was will ich ändern?
– warum?
– wie erreiche ich die Veränderung (zeitlich, kräftemässig, finanziell)

c) Beruf/Ausbildung
– bin ich zufrieden mit meiner Position, mit meiner Leistung?
– warum?
– was will ich ändern?
– warum?
– welche Voraussetzungen muss ich dafür schaffen?
– wie erreiche ich meine Ziele (Aufwand)

d) Hobbies, Fähigkeiten
– bin ich zufrieden mit meiner Freizeitgestaltung?
– warum?
– was will ich ändern?
– wie (Zeit, Geld, Aufwand)

e) Ideale:
– welche hatte ich, welche habe ich heute?
– entspricht mein Leben meinen Idealen?
– wo muss ich noch an mir arbeiten?

f) Wünsche
– welche habe ich mir noch nicht erfüllt?
– was hat mich daran gehindert?
– welche erscheinen mir unbedingt notwendig?
– auf welche kann ich verzichten?

Ich schreibe spontan meine drei wichtigsten Wünsche auf:

1.

2.

3.

(Überprüfen Sie diese immer wieder einmal)

III. Zukunft

Aus der Betrachtung der Vergangenheit und der Gegenwarts-
situation ergibt sich die Zielsetzung für die Zukunft:

– **Wie** will ich mich verändern?

a) meine innere Einstellung

– **Was** will ich verändern an

b) meinem Privatleben

c) meinem Berufsleben

d) meinen Hobbies

e) meinen Fähigkeiten und Interessen

f) meinen Idealen

Der Psychologe William Moulton Marston stellte einmal 300 Personen die Frage: «Wofür leben Sie?» Für 90 % der Befragten bestand das Leben nur aus warten – warten auf eine bessere Arbeit, auf ein neues Haus, auf eine Reise, eine Erbschaft oder den idealen Partner. Diese Menschen bleiben dabei förmlich «auf der Strecke»; verbringen sie doch den grössten Teil ihres Lebens mit warten, d.h. mit Untätigkeit. «Ich glaube, nur jeder tausendste versteht es, in der Gegenwart zu leben», schrieb der Schriftsteller Sorm Jameson. «Die meisten Menschen verbringen 59 von 60 Minuten in der Vergangenheit, der sie nachtrauern oder mit der sie hadern, bzw. in der Zukunft, nach der sie sich sehnen oder vor der sie sich fürchten. Nur derjenige lebt wirklich, der jede Minute als nicht wiederkehrendes Wunder begreift.»

Fazit:

Leben Sie im Hier und Heute!

Nur wer ein Ziel hat, kann auch ankommen. Wer kein Ziel vor Augen hat, wird leicht vom Weg abkommen, weil er hier das eine sieht, was ihm gefällt, und dort ist es wieder etwas anderes. So hastet er sinn- und ziellos umher; der grosse Erfolg bleibt aus, und die Unzufriedenheit wächst. Wenn Sie die vorangegangenen Seiten sorgfältig ausgefüllt haben, dann werden Sie Ihren Zielpunkt vor Augen haben – und dieses Ziel sollten Sie niemals verlieren.

Unsere Wünsche

Hier sollten wir vorsichtig sein. Nicht umsonst heisst es «Hüte Dich vor Deinen Wünschen – sie könnten in Erfüllung gehen!» Es kann sich als grösste Strafe erweisen, wenn eintritt, was wir uns wünschen.

Eine Frau wünschte sich heiss und innig einen Mann, ausserdem träumte sie immer davon, nicht mehr zu arbeiten. Eines Tages wurde sie auf dem Weg zum Büro von einem Mann überfallen und beraubt. Sie erlitt so starke Verletzungen, dass sie nicht nur Wochen in der Klinik verbringen musste, sondern für den Rest ihres Lebens arbeitsunfähig blieb. Ihre Wünsche haben sich erfüllt: Sie wollte einen Mann und nicht mehr arbeiten!

Die Betonung bei unseren Wünschen sollte deshalb immer auf der richtigen Entsprechung liegen: Wir sollten uns den **richtigen** Partner wünschen, den **richtigen** Beruf etc. und nicht «einen» Partner oder «einen» Beruf. Wir möchten nicht, dass irgend etwas geschieht, sondern dass das Richtige geschieht.

Entsprechend dem Resonanzgesetz kann ich nur anziehen, was mir entspricht. Bin ich selbst unvollkommen, kann ich nur Unvollkommenes anziehen, allerdings wiederum nur in dem Masse, in dem ich selbst unvollkommen bin. Bin ich ein untreuer Partner, werde ich eine untreue Partnerin anziehen – ebenso ziehe ich jedoch als idealer Partner die Entsprechung zu mir – also eine ideale Partnerin – an. Trifft ein unvollkommener Partner auf einen vollkommenen, so wird diese Beziehung keinen langen Bestand haben können. Sie wird sich automatisch lösen, weil nur Gleiches sich mit Gleichem auf Dauer verbinden kann.

Wenn wir uns nicht selbst behindern und eingrenzen, werden sich unsere Wünsche erfüllen. Der Wunsch ist die Ursache – die Erfüllung der Ausgleich. Jeder erfüllte Wunsch verringert unsere Wunschliste (schlagen Sie hier noch einmal zurück auf Seite 42) bis wir den Zustand der Wunschlosigkeit erreicht haben. Dann ist

kein Wunsch mehr vorhanden. Es gibt Menschen, die diesen Zustand erreicht haben. Sie konnten sich bei Gott für die Erfüllung
all ihrer Wünsche bedanken. Sie haben es genossen, sich jeden
Wunsch zu erfüllen – bis die Zeit reif wurde, sich zu bedanken,
alles zurückzugeben, um die Freiheit der Wunschlosigkeit zu erfahren. Diese Menschen sind wirklich frei – sie tun nur noch das,
was das Leben von ihnen will. Der einzige Ehrgeiz, den sie besitzen, ist in jeder Sekunde des Lebens ihr Bestes zu geben. Diese
Menschen sind Werkzeuge des Schicksals und überlassen es
dem Schicksal, für alles zu sorgen, wie z.B. den für sie richtigen
Partner zu finden. Das Schicksal ist allwissend; es weiss, was jeder Mensch kann, und sorgt dafür, dass er sein Bestes geben
kann.

Fazit:

**Das Leben kann alles, und wenn ich mich frei mache, kann das
Leben alles durch mich. Ein neues Lebensgefühl entwickelt
sich.**

Gesundheit

Für dieses Lebensgefühl können wir als Beispiel die Aufgabe eines Arztes nehmen:
Keine Krankheit wurde jemals von einem Arzt oder durch ein Medikament geheilt. Heilung kann nur durch die Heilkraft im Menschen selbst geschehen. Doch kann das Schicksal einen Arzt benötigen, um dem Kranken die richtige Erkenntnis zuteil werden zu lassen, um die eigene Heilkraft zu aktivieren. Gesundheit ist die Folge unserer «Ge-sinntheit». So wie ich gesinnt bin, so gesund bin ich auch.

Wir unterscheiden zwei Arten von Krankheiten: akute und chronische. Die akute Krankheit drückt eine momentane Disharmonie aus. Mit dem Rechtssystem verglichen, entspräche dies in etwa der ersten Mahnung. Bei einer ersten gesundheitlichen Mahnung handelt es sich meistens um einen entzündlichen Prozess. Doch oft beachten wir diese «Warnung» nicht, sondern unterdrücken sie mit Tabletten. Die Symptome bringen wir dadurch zwar zum Schweigen, doch die Ursache bleibt weiterhin bestehen.

Mit unserem Auto würden wir niemals so leichtfertig umgehen. Wenn die Ölkontroll-Lampe leuchtet und der Mechaniker einfach die Birne der Kontroll-Leuchte herausschraubte, anstatt Öl nachzufüllen, wären wir empört. Beim Auto kümmern wir uns also schon um die Beseitigung der Ursachen – bei der Gesundheit reicht uns die Symptombehandlung aus. Die moderne Medizin unterstützt leider diesen Vorgang durch die immer perfekter werdenden Methoden, mit denen sie die Schmerzen abstellt. Damit wird die Information, die uns unser Körper über einen Defekt gibt, unterdrückt. Die Informationsquelle wird abgeknipst – doch die Ursache bleibt. Wir sind natürlich gewillt, an eine Heilung zu glauben; schliesslich spüren wir keine Schmerzen mehr.

Übertragen wir einmal unsere Einstellung zur Gesundheit auf das Auto. Wir haben also die Birne der Kontroll-Lampe entfernt.

Ohne Öl entsteht zuviel Reibung, der Motor wird heiss und das Thermometer steigt. Wir gehen wieder zu unserem erfahrenen Mechaniker, der uns beim letzten Mal so gut helfen konnte. Er klebt die Nadel des Thermometers bei 80 Grad Betriebstemperatur fest. Beruhigt fahren wir weiter, bis wir so ein komisches Geräusch hören – vielleicht fliegen uns auch schon die Kolben um die Ohren. Was haben wir doch für Pech mit unserem Auto: Erst ist die Ölkontrollbirne kaputt, dann das Thermometer und jetzt auch noch der Motor!

So wird es Ihnen in jeder Beziehung ergehen – egal ob Gesundheit, Privatleben oder Beruf – solange Sie nicht die Ursachen erkennen und an sich arbeiten, kann keine Veränderung eintreten. Die Missachtung akuter Prozesse hat chronische Erkrankungen zur Folge. Wenn ich nun auch noch den chronischen Verlauf negiere, zwingt mich mein Organismus zum nächsten Schritt, beispielsweise durch Krebs. Solange ich lebe, habe ich die Möglichkeit, die Ursache einer Krankheit zu beseitigen. Es gibt keine unheilbaren Krankheiten, sondern nur unheilbare, d.h. unbelehrbare Menschen, die nicht bereit sind, die Ursachen ihrer Krankheit zu erkennen und sich statt dessen lieber weiterhin falsch verhalten. Krebs ist bis zum letzten Tag heilbar. Die Schäden, die der Patient bis zu diesem Zeitpunkt durch sein Verhalten verursacht hat, können nicht mehr rückgängig gemacht werden. Sind diese Schäden so gross, dass dem Organismus nicht mehr genügend zum Leben übrig bleibt, dann ist es für dieses Leben zu spät. Der Krebs konnte jedoch trotzdem geheilt werden, d.h. er wurde aus dem Reisegepäck für das nächste Leben genommen. Sonst könnte es sein, dass im nächsten Leben – vielleicht schon als Kind – eine Krebserkrankung entsteht. Die Frage, wieso ein unschuldiges Kind mit einer solchen Krankheit behaftet ist, wird damit beantwortet.

Nicht nur bei Krebs, sondern bei jeder anderen Krankheit ist zu unterscheiden zwischen Ursache, Auslöser und Auswirkung. Umweltgifte, Luftverschmutzung, Konservierungsstoffe in der Nahrung etc. sind nie Krebsursachen, sondern immer nur Auslöser. Die Ursache, die hinter jeder Krankheit steht, ist in der Disharmonie im geistig-seelischen Bereich zu suchen. Als Ausdruck dieser Disonanz wird ein äusserlich verfügbarer Auslöser gesucht, der den Ausbruch der Erkrankung einleitet.

Innere Einheit

Viele Menschen sind bereit, Zeit und Geld zu investieren, um ihren Körper fit zu halten und ihn zu pflegen. Das ist zwar gut und richtig, jedoch im Vergleich zum Bewusstsein relativ unwichtig. Mögen die Muskeln noch so stramm, die Kondition noch so gestärkt sein – früher oder später kommt der Tag, an dem dieser gestählte Körper der Erde übergeben wird. Übrig bleibt das Bewusstsein, oder anders ausgedrückt, die Seele. Alles, was wir für unser Bewusstsein getan haben, überdauert jedes körperliche Leben – bleibt auch nach dem Ende, dem Tod, vor dem sich so viele fürchten, bestehen. Tod bezieht sich nur auf die Materie, auf die körperliche Hülle unseres Geistes. Bewusstsein aber bleibt bestehen – ist unendlich. Aus diesem Grund sollten wir mindestens genauso viel für unser Bewusstsein tun wie für unseren Körper. Und unser Ziel sollte es sein, innere Einheit zu erlangen:

1. Wir sollten unser reales Leben meistern, d.h. lernen, mit unserer äusseren Welt zurechtzukommen.
2. Wir sollten den Ursprung unseres wahren Wesens finden und uns lösen von allem, was uns davon trennt.
3. Wir sollten an uns arbeiten. Auch hier gilt das sportliche Gesetz der Selbst-Beherrschung. Das wahre Selbst in uns sollte die Herrschaft über unser Denken und Handeln erhalten und nur dem Schöpfungswillen folgen.

Die meisten Menschen suchen Anerkennung durch Leistung und Bewunderung – also in einer Bestätigung von aussen. Oft wird ihnen irgendwann einmal in ihrem Leben schmerzlich bewusst, dass ihnen das wahre Innere fehlt, die echte Liebe. Um diese Enttäuschung zu kompensieren, jagen sie dann noch mehr den Äusserlichkeiten nach, anstatt eine andere Richtung – nämlich nach innen, zu den tiefen Werten des Lebens – einzuschlagen. Sie lassen sich so die Chance entgehen, an sich zu arbeiten. Diejenigen jedoch, die offen und lernfähig sind, werden aus ihren Erfahrungen die Konsequenzen ziehen. Da die Erfüllung nicht aussen zu finden ist, gehen sie den Weg nach innen, zu ihrer Mitte. Das grösste Hindernis ist hier das **Loslassen**. Darunter verstehen wir nicht nur die einfache Entspannung, sondern von allem Falschen, Störenden los-zu-lassen in Taten und in Gedanken. Das bedeutet auch, sein eigenes **Ich** loszulassen. Erst aus dem Lassen kann das **Sein** entstehen. Ein Mensch, der das praktiziert, ist immer **da** – er ist im Hier und Jetzt anwesend und aus dieser Präsenz heraus denkt und handelt er. Er will nicht haben, sondern nur noch sein. Durch sein Leben wird die Wirklichkeit ausgedrückt. Er lebt aus seiner Mitte, lässt die Eigenwilligkeit los, lebt aus der Vollkommenheit der Schöpfung und erlangt so innere Ruhe, Vertrauen und Geborgenheit. Er ist nicht nur gelassen, nein, er ist **Gelassenheit**.

Wer diesen Weg geht, wird erfahren, dass sich seine Umwelt, das Miteinander mit den Menschen anders gestaltet. Er wird ein Gefühl der Einheit mit seinem Nächsten empfinden; eine neue Menschlichkeit entsteht durch diese geistige Verbundenheit, und Liebe kann wachsen. Wir sind **da**, in der Gegenwart. Gestern ist vorbei, morgen ist noch nicht hier. Wir leben und erfüllen den Augenblick, das **Jetzt. Ich bin** ganz im **Hier** und **Jetzt**, erfülle jeden Augenblick mit Bewusstsein. Ein solches Lebensgefühl führt zu Gesundheit. Erinnern wir uns: Ge-sinntheit = Ge-sundheit. Krankheit braucht Angst zur Entstehung und ist Ausdruck von Disharmonie. Gesundheit ist das Gegenteil: Harmonie in sich selbst, Einssein mit dem Ganzen, ein harmonischer Teil des Bewusstseins. Das Ewige, Unsterbliche in uns kann nicht erkranken, denn es ist seiner Natur entsprechend heil.

Fazit:

Wirken, nicht gewinnen – schaffen, nicht besitzen.
Chin. Weisheit

Wohlstand

Wohlstand bedeutet, dass alles «wohl steht». Das, was wir heute im allgemeinen unter Wohlstand verstehen, hat mit der ursprünglichen Bedeutung dieses Wortes wenig zu tun. Wir leben in materieller Fülle und darunter verstehen die meisten Menschen Wohlstand. Doch machen die materiellen Aspekte nur einen kleinen Teil des Wohlstands aus – hierzu gehört auch

- **Gesundheit**
- **Freiheit (innere und äussere)**
- **Intelligenz (das Richtige zu erkennen und zu tun)**
- **Gute Freunde (um nicht allein zu sein)**
- **Glückliches Privatleben**
- **Besitz, Haus, Vermögen**
- **Sich über Erfolge freuen können**
- **genügend Zeit haben *)**
- **Zuverlässigkeit**
- **Pünktlichkeit**
- **Disziplin**
- **Erkenntnis der Wirklichkeit**
- **Weisheit**

- Die persönliche Lebensaufgabe erfüllen
- Einen angenehmen Beruf haben
- Schöne Erinnerungen haben
- Reiches Innenleben
- Offenheit
- Ehrlichkeit
- Gern anderen helfen
- Richtig lachen können
- In Harmonie mit sich und seiner Umwelt leben
- Gott vertrauen
- Erkennen, dass wir alle individualisierte Teile des einen Bewusstseins sind.

*) Hier gibt es eine bespielhafte Geschichte: Ein Häuptling aus Samoa hat einmal die Weissen besucht und erzählte dann folgendes: «Der Weisse jammerte immer, wenn eine Stunde vorbei war. Dabei beginnt doch sofort eine neue. Der Weisse hat auch für eine Sache zwei Namen: Das Loch, durch das er sein Steinzelt betritt, nennt er von aussen Eingang und von innen Ausgang.»
Solche Gedanken sollten uns nachdenklich machen.

Wir sind alle eins. Wenn Du einem anderen etwas antust, so tust Du es Dir an. Wir sind so sehr auf das individualisierte Bewusstsein fixiert, dass wir uns separiert fühlen – nach dem Motto «ich bin ich». Solange wir so denken und handeln, kann die Wirkung nicht vollkommen sein.

Fazit:

Wahrer Reichtum ist nicht da, was jemand hat, sondern was er ist – reich ist, wer seines Lebens und Schicksals Herr geworden ist.

Wirklich arm ist, wer seiner Begierden Sklave ist.

Alles hat seinen Preis. Nicht nur das Fahrzeug will be-herrscht werden, muss nach bestimmten Regeln be-dient werden. Sowohl die Schicksalsabläufe wie auch die psychischen Vorgänge unterliegen einer Regel. Wer seiner Umwelt dient und sich harmonisch einfügt, wer bereit ist, Opfer dafür zu erbringen, wird erfahren, dass auch die Umwelt sich bei ihm einfügt und sich von ihm beherrschen lässt.
Verluste, die viele beklagen, sind nichts anderes als Wandlung. Sie machen Platz für etwas Neues, Besseres. Arm dran ist nur, wer Sklave seiner Wünsche ist. Er hat nämlich keine Wahl – er muss! Wer sich selbst be-herrscht, d.h. seinem wahren Ich die Herrschaft überträgt, ist reich. Er kann gelassen bleiben im Auf und Ab des Lebens, denn er hat verinnerlicht, dass Gewinn und Verlust ihm immer – jedes auf seine Art – Gewinn bringen.

Ja zum Leben sagen

Wer in Einheit mit sich und seiner Umwelt lebt, wird ein unerschütterliches Vertrauen in sich selbst entwickeln. Er weiss, dass sich alles zu seinem Besten wendet, wenn er es dem Leben überlässt, durch ihn zu handeln. Er kann dieses Leben annehmen, kann jeden Tag fröhlich beginnen – voller Erwartung, was ihm der neue Tag bescheren wird. Durch das Loslassen, das tiefe Vertrauen in das Leben, entsteht eine natürliche Lebensbejahung.
Die Freude zu leben, die Freude, jede Minute des Tages bewusst anzunehmen und mit Leben zu erfüllen, gibt diesen Menschen eine Ausstrahlung, die jeder sofort spürt. Auch Sie können ein solcher Mensch werden, wenn Sie die geistigen Gesetze für sich anwenden, wenn Sie sich selbst kennenlernen und dann aus vollem Herzen **Ja** zu sich sagen.

Nie mehr ärgern

Wir wollen uns nicht mehr ärgern, wollen künftig unser Leben weder von schlechten Angewohnheiten noch von einer falschen bzw. negativen Denkweise beeinflussen lassen. Wir wollen unsere Energien **für uns** nutzen und unsere Kräfte nicht sinnlos vergeuden. Wir wollen lieber lachen als schimpfen, wollen lieber die Verantwortung für uns übernehmen als sie anderen zuzuschieben; wir wollen lieber auf unsere Mitmenschen zugehen als sie zu bekämpfen.

Ich will mich nicht mehr ärgern, weil

1.

2.

3.

5. Kapitel

«Es ist leicht, geboren zu werden,
aber schwer, ein Mensch zu werden.»
Chinesische Weisheit

Wie erreiche ich meine Ziele?

Praktische Übungen

Es war sicher nicht immer ganz einfach für Sie, liebe Leserin und lieber Leser, uns bis hierher zu folgen, unsere Gedanken nachzuvollziehen, und noch viel schwieriger ist es diese Anregungen in die Praxis umzusetzen. Natürlich benötigt alles seine Zeit, und diese Zeit sollten Sie sich auch zugestehen. Lesen Sie ruhig die einzelnen Kapitel immer wieder; Sie werden bestimmt jedesmal neue Aspekte erkennen. Durch die ständige Beschäftigung mit dieser Thematik verändern Sie – oft sogar unbewusst – Ihre Einstellung und somit natürlich auch Ihre Ansicht. Und dies kann nur förderlich für einen Umdenkungsprozess und eine Neuorientierung Ihres Lebens sein. Wir haben nun die gedanklichen Voraussetzungen geschaffen, um unser Leben zu verändern, es erfüllt zu gestalten, intensiver zu leben und uns nicht mehr zu ärgern. So wollen wir jetzt mit den praktischen Übungen beginnen, und zwar mit einer sogenannten Basis-Übung, dem Atmen.

89

Richtig atmen

Unser Leben liegt zwischen dem ersten Atemzug – bei der Geburt – und dem letzten – beim Tod. Wie wichtig der Atem für uns ist, können wir an der Tatsache ermessen, dass wir zwar 6 Wochen ohne Nahrung leben können, sogar 6 Tage ohne etwas zu trinken aushalten, aber ohne zu atmen schaffen wir es nur 6 Minuten! Das Atmen ist uns so selbstverständlich, geht es ja auch ganz allein und ohne unser Dazutun, dass wir häufig gar nicht bemerken, dass wir nur auf «Sparflamme» atmen. Die meisten von uns haben sich bereits in früher Jugend eine flache Atmung angewöhnt. Betrachten Sie einmal ein Baby – beim Atmen bewegt sich nur der Bauch. Hier haben wir noch die natürliche Bauchatmung, also eine Voll- und oder Langatmung. Irgendwann – meist im Alter von etwa 12 Jahren – erfolgt eine Umschaltung auf die Brustatmung, d.h. auf eine Kurzatmung. Da nicht genügend Luft in die Lungen und somit auch in die Zellen kommt, der Körper nicht voll versorgt wird, hat der Kurzatmer immer irgendwelche Beschwerden oder Schmerzen, und natürlich verkürzt sich wegen der schlechten Körperernährung in der Regel die Lebenserwartung.

Unsere Atmung können wir gut mit einem Ofen vergleichen: In den Ofen wird Holz, Kohle und Papier gesteckt und dann angezündet. Das Feuer brennt entweder lichterloh, oder es schwelt bzw. erstickt. Die Qualität des Feuers hängt mit dem Luftzug, der Sauerstoffzufuhr, zusammen. Je besser der Zug, desto stärker das Feuer – ohne Zug kein Feuer. Selbst bei bestem Brennmaterial ist ohne Zug kein Feuer möglich. Die langsame rythmische Atmung hat einen regulierenden Einfluss auf die Herztätigkeit. Das Zwerchfell – durch vertiefte Atmung elastisch geblieben – massiert die Verdauungsorgane, regt zu aktiver Tätigkeit an. Durch die erhöhte Sauerstoff-Aufnahme wird das Blut gereinigt und entschlackt; die gut funktionierende Lunge beruhigt die Nerven; Blutkreislauf und Stoffwechsel sind angeregt. Der Körper befindet sich in einer aufrechten Haltung – es gibt kein Kreuz mit dem Kreuz. Der tiefe, ruhige Atem ist also die Basis für einen gesunden, leistungsfähigen Körper. Atem ist Leben, ist Lebensenergie! Falsches Atmen führt zu einem falschen, d.h. ungesunden Leben und macht den Körper krank. Die Atmung spielt bei jeder Erkrankung eine Rolle.

Bevor wir mit einfachen praktischen Übungen unsere Atmung verbessern, sollten wir eine Voraussetzung für den Erfolg – nicht nur bei dieser Übung, sondern für unser Leben generell – erfüllen: wir sollten Gelassenheit lernen und praktizieren. Gelassenheit ist nicht mit Lässigkeit oder gar Nachlässigkeit gleichzusetzen. Alle Weisheitslehren streben seit Jahrhunderten nach innerer Stille, Ausgeglichenheit und Seelenfrieden. Auch die moderne Psychologie definiert seelische Gesundheit mit Ausgeglichenheit und Entspannung. Das Geheimnis ist schnell enträtselt: Loslassen. Wenn Sie gestresst sind von der Arbeit, sich müde und angeschlagen fühlen, dann können Sie schnell einen Zustand der inneren Harmonie erreichen, wenn Sie loslassen. Loslassen bedeutet hier, die Geschehnisse des Tages aus den Gedanken zu entlassen, den Dingen den Wert zumessen, der ihnen gebührt. Lachen Sie über sich, über Ihren unausstehlichen Kollegen – lachen Sie darüber, dass Sie alles so verkrampft gesehen haben. Lassen Sie sich fallen, vertrauen Sie auf die göttliche Macht – denken Sie an unser Lebensspiel.

Durch ein paar Grundübungen wollen wir Ihnen den Einstieg zur richtigen Atmung erleichtern:

Machen Sie die Übungen bei offenem Fenster oder im Freien. Die beste Zeit ist vor dem Frühstück, wobei es am sinnvollsten ist, wenn Sie sich an eine bestimmte Zeit halten. Nach einer Mahlzeit warten Sie mindestens eine Stunde, bevor Sie üben.

Keine Übung sollte als Anstrengung empfunden werden!

Beginnen Sie immer mit dem Wichtigsten – dem Ausatmen, das stets etwas länger dauern sollte als das Einatmen.

1. Atmen Sie ruhig und gleichmässig, beobachten Sie Ihren Atem; legen Sie Ihre Hand flach auf den Bauch. Wenn sich Ihre Bauchdecke senkt beim Ausatmen und beim Einatmen hebt, dann haben Sie schon eine bessere Atemtechnik als der Durchschnitt. Atmen Sie etwa 5 Minuten, spüren Sie ganz bewusst Ihren Atem; fühlen Sie die Ruhe, die Sie durchströmt.

2. Jetzt intensivieren Sie diese Übung, indem Sie tief einatmen und tief ausatmen. Wenn Sie bewusst ausatmen, bemerken Sie, dass das Einatmen ganz automatisch, also ohne grosse Konzentration erfolgt. Lassen Sie den Atem locker fliessen – bleiben Sie im Rhythmus.

3. Nun füllen Sie Ihren Atem mit Gedanken. Stellen Sie sich bildlich vor, wie die Luft, die Sie einatmen, von der Luftröhre in die Lunge gelangt. Sehen Sie vor Ihrem geistigen Auge, wie die sauerstoffreiche, gesunde Luft über das Blut Ihren Körper durchströmt. Sie spüren, wie diese Energie bis in Ihre Finger- und Fussspitzen dringt. Geniessen Sie dieses angenehme Gefühl, das Ihren Körper mit Gesundheit «volltankt».

4. Nun gehen Sie noch einen Schritt weiter:
Sie füllen Ihren Atem mit Bewusstsein. Erst wenn Sie bewusst atmen, sind Sie an den kosmischen Kräftestrom angeschlossen und können so gezielt Energie aufnehmen. Durch eine solche geistbetonte Atmung wird Ihr Denken und Wollen gestärkt. Sie atmen entspannt, rhythmisch und bewusst. Durch bewusste Vollatmung können Sie in einen Zustand meditativer Selbstbesinnung gelangen.

5. Jetzt lenken Sie den geistigen Gehalt des Atems auf Ihr Inneres. Sie atmen bewusst mit jedem Zug Harmonie, Ruhe und Kraft ein. Wer dies nicht tut, der nimmt einfach nur Luft in sich auf und nutzt nicht die wunderbaren Möglichkeiten, die der Atem uns bietet.

Wenn Sie diese Übungen jeden Tag machen, werden Sie bald feststellen, dass Sie sich wohler und freier fühlen und dass Ihre Leistungsfähigkeit sich verbessert.

Vermeiden Sie folgende Situationen:

1. **Überanstrengen Sie nicht Ihr Herz: atmen Sie nicht unter Druck aus. (Sie müssen keinen Ballon aufblasen!)**

2. **Atmen Sie nicht zu tief und zu schnell, damit keine «Überatmung» entsteht.**

3. **Üben Sie nicht bei grosser Hitze, strecken Sie den Bauch nicht heraus und belasten Sie die Bauchwand nicht.**

4. **Falls sich Übelkeit, Schwindelgefühle oder Kopfschmerzen einstellen, hören Sie auf. Das ist kein Grund zu Besorgnis; Sie haben lediglich etwas übertrieben. Kommen Sie zur Ruhe, lassen Sie los und machen Sie dann vorsichtig weiter.**

Wenn Sie wissen möchten, wie stark der Einfluss der Atmung ist, dann schliessen Sie den Mund und halten die Nase mit zwei Fingern zu. Es wird nicht lange dauern und Sie werden von Panik erfast, so dass Sie schnell wieder beginnen zu atmen. Wenn Sie nun nur oberflächlich atmen, dann enthalten Sie Ihrem Körper immerhin eine dringend benötigte Menge Sauerstoff vor – gewissermassen leben Sie am Rand des Erstickens. Oftmals sind Depressionen und Ängste nur die Folgen falscher Atmung.

Bewusstseinsübung

Unser Bewusstsein bestimmt unser Leben, und wir haben drei Grundrichtungen, die wir einschlagen können:

1. Der negative Weg
Wir sehen nur Schlechtes, Ungerechtigkeiten, Neid, Hass und Egoismus, bemerken Gedankenlosigkeit und Materialismus. Als Tatsachen lassen sich diese Strömungen zwar nicht abstreiten, doch nach den geistigen Gesetzen zieht sich Gleiches an und vergrössert sich. Es ist deshalb kein Wunder, dass so viel Negatives auf unserer Welt geschieht, denn der Mensch erhält diesen Zustand durch seine Einstellung.

2. Der positive Weg
Umgekehrt können wir natürlich unser Bewusstsein auf die vielen positiven Dinge in dieser Welt richten. Wir sehen Hilfsbereitschaft, Freundschaft, Verständnis und die positiven Aspekte des Materiellen. Wir erkennen die Freiheit, eigene Entscheidungen treffen und durchführen zu können – die Freiheit, den Weg zu gehen, der im Buch der Schöpfung aufgezeigt wird; wir können zwischen Schein und Sein unterscheiden. Unser Bewusstsein nimmt die positiven Schwingungen auf, die sich in unserem Leben als Glück, Gesundheit, Harmonie – kurz als angenehm – manifestieren.
Unser Verhalten gestaltet unsere Verhältnisse!

3. Der geistige Weg
Hier richten wir unser Bewusstsein auf das höchste Prinzip, auf die schöpferische Urkraft, auf Gott. Wir sind dann nicht mehr gebunden an eine bestimmte Zeit oder Form, noch an Raum oder Ort. Unsere Aufmerksamkeit ist bestimmt davon, in diesem Augenblick zu leben und das zu erfüllen, was der Augenblick fordert.

Wir sind in Harmonie mit dem Strom des Lebens, haben unseren Platz in der göttlichen Ordnung gefunden.

Um den Weg der inneren Erfüllung gehen zu können, müssen wir durchlässig werden; das bedeutet, uns bewusst zu werden, loszulassen und dann alles bewusst zu tun. Durch die Hektik unserer Zeit, die wir ja wiederum selbst verursachen, lassen wir uns dazu verleiten. mehr und mehr Aufgaben zu übernehmen, sei es privat oder beruflich, sei es als Arbeit oder zum Vergnügen. Wir haben das Gefühl, etwas zu verpassen, tun zuviel auf einmal und übernehmen uns in jeder Beziehung. Wir können uns dann letztendlich keiner Sache mehr ganz widmen, weil unsere Gedanken schon wieder einen Schritt weiter sind – wir bleiben also immer zurück, hinken mit den Taten unseren Gedanken hinterher. Die Unruhe und innere Zerrissenheit bestimmen mehr und mehr unser Leben. Doch den wenigsten ist das überhaupt bewusst. Sie klagen lieber als sich einzugestehen, dass sie selbst – nämlich ihr Egoismus – schuld an ihrer Unruhe sind. Sie können nicht lassen, nicht los-lassen.

Wir streben Einheit an, wollen unserem Leben einen Sinn geben und uns ein Da-Sein im Hier und Heute erarbeiten, so dass kein Platz mehr für die Zerrissenheit bleibt. Wir entscheiden uns für das Eins-Sein. Tun alles, was immer es gerade sein mag, ganz und ausschliesslich. Wenn wir lesen, dann lesen wir und sehen nicht noch gleichzeitig fern; wenn wir Auto fahren, dann konzentrieren wir uns auf das Fahren und lösen nicht irgendwelche Probleme.

Tun Sie, was Sie tun:
Seien Sie dort, wo Ihr Körper ist – nämlich in der Gegenwart,
leben Sie bewusst in der Gegenwart:
Wenn Sie essen, essen Sie bewusst,
wenn Sie lesen, lesen Sie bewusst,
wenn Sie arbeiten, arbeiten Sie bewusst,
wenn Sie ruhen, ruhen Sie bewusst!

Nicht «was» ist wichtig, sondern das «wie» entscheidet über die Lebensqualität. Das bewusste Tun ist nicht zeitaufwendiger; es ist eher zeitsparend. Wenn ich etwas bewusst tue, dann ist es auch getan, und ich kann es loslassen.

Seien Sie auch im physischen Bereich bewusst:

Geben Sie einmal bewusst jemandem die Hand. Spüren Sie, was er Ihnen sagt, ohne es auszusprechen?

Legen Sie Ihr Bewusstsein in Ihre Hände und leben Sie mit Ihren Händen, er-leben Sie, was sie tun. Sie nehmen den Bleistift, halten den Telefonhörer oder greifen nach einem Glas. Jede Tätigkeit kann so zu einem bewussten Erlebnis werden:

- Ich mache mir zunächst meine Hände bewusst. Ich spüre, wo sie sind, was sie tun und wie sie es tun.
- Ich gehe in ein geistiges Zwiegespräch mit meinen Händen. Ich bitte um Mitarbeit oder um Hilfe bei einer schwierigen Arbeit. Ich erhalte ihre Antwort; ich spreche häufig mit ihnen.
- Ich lasse meine Tätigkeit von meinen Händen ausführen. Ich bin nur Beobachter. Meine Tätigkeit geschieht durch mich.

Leben Sie

- **A** lles, was Sie tun, machen Sie voll und ganz

- **K** onzentrieren Sie sich auf jede Tätigkeit, jeden Gedanken

- **T** un Sie eines nicht: Bemühen Sie sich nicht!

- **I** ntensiv bedeutet nicht unbedingt immer bewusst!

- **V** erlassen Sie sich auf die göttliche Führung.

Aktiv ist nicht gleichzusetzen mit einem Zuviel an Willenskraft. Achten Sie einmal darauf, wieviel Willens- oder Muskelkraft Sie für jede Tätigkeit einsetzen, z.B. beim Drücken einer Türklinke, beim Zeitungslesen, beim Annähen eines Knopfes. Es wird Sie in Erstaunen versetzen – Sie wenden mindestens zehnmal soviel Energie auf wie notwendig ist.

Nicht nur, um einen Ausgleich zwischen Aktivität und Passivität herzustellen, sondern auch, um Ihnen ein ganz neues und ungewohntes Lebensgefühl zu vermitteln, machen wir jetzt eine

Passivitätsübung:

Sie werden merken, dass Passiv-Sein im Endeffekt mehr ist – und auch etwas anderes als nur nicht Aktiv-Sein. In dem Augenblick, in dem Sie aufhören aktiv etwas zu tun oder zu wollen, erlauben Sie, dass Dinge geschehen, dass das Leben durch Sie geschehen kann – Sie werden durch-lässig, Sie lassen das Leben durch sich hindurch.

Machen Sie alles wie immer, doch seien Sie dabei völlig passiv. Sie werden denken, dass dies nicht möglich ist, z.B. passiv Fussball spielen. Fragen Sie Sportlehrer, Schauspieler, Künstler, und Sie werden hören, dass nur die Passivität ausserordentliche Leistungen ermöglicht. Je mehr Sie nämlich Ihren Willen anstrengen, desto mehr blockieren Sie Ihre Energie. Lassen Sie los, werden Sie durchlässig – seien Sie passiv. Sehen Sie nicht sich als Fussballspieler, sondern lassen Sie zu, dass Sie Fussball spielen.

Sie schalten innerlich um: von Willensanstrengung auf Willenlosigkeit. Wischen Sie nicht Staub, sondern lassen Sie durch sich staubwischen – lassen Sie durch sich die Briefe diktieren oder den Kuchen backen.

Zur Bewusstwerdung gehört auch die Körpersprache, die von den feinen Antennen des Bewusstseins aufgenommen, registriert und verarbeitet wird. Beobachten Sie, wie Ihr Körper reagiert, achten Sie auf Ihre Haltung, auf Ihren Blick – auf die Reaktionen Ihrer Mitmenschen. Was drücken Sie – oft unbewusst – durch Ihren Körper aus?

1. Haltung

Jeder wird so behandelt, wie er sich benimmt. Wer die gebeugte Haltung eines Bittstellers einnimmt, wird als Bittsteller angesehen. Wer aufrecht wie ein Sieger geht, dem wird Platz gemacht, und er wird mit Respekt behandelt. Wer auf der vordersten Kante des Stuhls umherrutscht, zeigt deutlich seine Unsicherheit.

2. Blick

Ein offener, gerader Blick schafft eine vertrauensvolle Atmosphäre. Unsteter Blick zeigt Unruhe, Unaufrichtigkeit. Die Augen werden oft als Spiegel der Seele bezeichnet – strahlende Augen sind Ausdruck eines frohen Herzens.

3. Gesten

Jede Geste ist eine Offenbarung des Charakters und zeigt die innere Einstellung zu seinem Gegenüber. Verkreuzte Arme zeigen innere Ablehnung oder Abwehr, offene Hände machen Gesprächsbereitschaft deutlich.

4. Gang

Im Gang sehen wir die Energie, die Dynamik oder auch die Unsicherheit, Lustlosigkeit.

5. Händedruck

Ein warmer, fester Händedruck – Sicherheit und Herzlichkeit.

Meine Körpersprache gibt folgende positive Signale:

1.

2.

3.

Diese (negativen) Angewohnheiten will ich an mir verändern:
(z.B. automatisch die Beine übereinanderschlagen)

1.

2.

3.

Fazit:

Leben wir bewusst,
im Hier und Heute
durch Loslassen.

Mehr lachen

Lachen ist eines der besten und preiswertesten Heilmittel überhaupt. Nicht nur, dass es der Gesundheit gut tut – lachen rettet auch die kritischsten Situationen, überwindet Barrieren und setzt sich über Verständigungsschwierigkeiten hinweg. Lachen verbindet, lachen macht froh und löst positive Impulse aus. Wie oft lachen Sie eigentlich am Tag? Und wie lachen Sie dann? Etwa gequält oder vielleicht etwas zu laut, um Unsicherheit zu kaschieren? Oder lachen Sie von Herzen?

Lachen ist nicht nur während der «tollen Tage» angesagt – es ist ein empfehlenswertes Motto für das ganze Jahr! Lachen «lüftet» die Seele aus, erhöht die Sauerstoffzufuhr im Körper und aktiviert eine Menge Muskeln. Wir meinen übrigens nicht das Lächeln, das als Dauermimik meist etwas verkrampft wirkt und das sich viele Menschen heute als eine Art Schutzschild zugelegt haben. Wir sprechen vom Lachen – vom Ausdruck der Lebensfreude. Wie erfrischend ist es doch, wenn wir im Kreis von Freunden interessante Gespräche führen, uns wohl fühlen und lachen können über Situationen, die wir erlebt haben. Wie ansteckend ist ein solch fröhliches Lachen. Manche Menschen lachen so mitreissend, dass selbst Aussenstehende, die den Grund des Lachens gar nicht kennen, nicht umhin können, mitzulachen.

Lachen ist eine Organ-Massage, die das Zwerchfell massiert, das sich beim Lachen zusammenzieht und wieder dehnt. Dadurch werden auch Herz und Lunge stimuliert, Leber und Bauchspeicheldrüse, Magen und Teile des Darms angeregt. Beim Lachen wird der Lunge doppelt soviel Sauerstoff zugeführt wie bei der normalen Atmung. Dieses «Auf-Atmen» der Seele hebt die Stimmung und löst den Frust – Die lachen sich frei.

Was den einzelnen zum Lachen bringt, ist so unterschiedlich wie die Lacher selbst. Ein Patentrezept gibt es nicht; jeder findet einen anderen Grund zum Lachen. Schon die Bereitschaft zum

Lachen – ruhig auch einmal über sich selbst – führt sie über kurz oder lang zum Erfolg. Lachen Sie wenigstens einmal täglich! Und damit Ihnen der Anfang nicht schwerfällt: Lächeln Sie sich jeden Morgen an – wenn Sie den Tag so freundlich mit sich selbst beginnen, dann ist es zum Lachen nicht mehr weit.

Fazit:

Der verlorenste aller Tage ist der, an dem man nicht gelacht hat.

(Chamfort)

Nein sagen

Treffen Sie immer eine Entscheidung, wenn Sie eine Zu- oder Absage machen. Lassen Sie sich nicht einfach treiben, sondern leben Sie bewusst, das bedeutet: Was immer Sie auch tun – tun Sie es voll und ganz! Wenn Sie sich Aufgaben aufschwatzen lassen, die sie eigentlich nicht machen wollten, dann haben Sie Schwierigkeiten bei der Durchführung. Sie stehen nicht hinter Ihrer Handlung – leben also nicht bewusst, denn der Ärger über sich selbst nagt an Ihnen, und Ihre Gedanken kreisen um die Frage, warum Sie sich in diese Situation gebracht haben. Für die Tätigkeit, die Sie ausüben, bleibt kein Gedanke, keine Energie. Sagen Sie **ja**, wenn Sie es so meinen, und sagen Sie Nein, wenn Sie etwas nicht möchten. Vielleicht haben Sie Angst vor einer Auseinandersetzung oder Sie glauben, dass Sie durch eine Absage einen Freund verlieren könnten.

Einen Freund verlieren Sie nicht, nur weil Sie zu sich stehen, und ein Streit ist die eigene Entwicklung allemal wert. Sagen Sie **ja** zu sich, und das Nein auf bestimmte Fragen fällt viel leichter! Haben Sie den Mut und lernen Sie Nein zu sagen gegenüber einer Autorität, gegenüber einer unerwünschten Rolle – sagen Sie auch Nein zu bestimmten eigenen Wünschen.
Fazit:

Nein bedeutet JA zur eigenen Persönlichkeit. Das Nein auf der einen Ebene wird so zum JA auf der anderen.

Sie kennen sicher auch die immer wiederkehrenden Situationen, in denen Sie **ja** sagen, anstatt abzulehnen. Wenn z.B. das nächste Mal Ihre Freundin wieder so lässig sagt: «Ach, da kannst Du mich dann doch mit dem Auto abholen», dann sagen Sie freundlich und bestimmt: «Nein, das passt mir nicht – wir treffen uns gleich im Theater.»

Sie brauchen keine Erklärung für Ihr Verhalten abzugeben, seien Sie liebenswürdig und machen Sie möglichst einen konstruktiven Lösungsvorschlag – und halten Sie sich dann an Ihre Aussage. Schreiben Sie auf dem nächsten Arbeitsblatt mindestens 5 derartige Situationen auf, die Sie verändern möchten.

Viele Menschen haben Probleme,
weil sie öfters JA sagen,
anstatt auch einmal ein NEIN
entgegenzusetzen.

(Unbekannt)

Hier sage ich künftig Nein

1.

2.

3.

4.

5.

Geben Sie sich ein grosses Pluszeichen für jedes «durchgeführte» **Nein:**

1.

2.

3.

Positiv Denken

Durch Ihre Gedanken bestimmen Sie die Qualität Ihres Lebens. Ihre heutige Situation ist ein Spiegelbild Ihrer Gedanken der Vergangenheit. Die Gedanken sind Grundlage für Glück und Erfolg. Ihr Denken kann Sie in Hochstimmung oder in Depression versetzen. Ihre Gedanken beinhalten eine enorme Kraft. Nichts geschieht in dieser Welt, ohne dass es vorher gedacht wurde. Immer war zuerst der Gedanke – erst dann konnte die Tat folgen, egal ob es sich um einen Kuss, einen Mord oder um die Konstruktion einer neuen Maschine handelte. Von allem war zuerst die – geistige bzw. gedankliche – Vorstellung da.

Daraus könnte man schliessen, dass die Menschen, die Vermögen, Ruhm und Ansehen erwerben, das richtige Denken haben. Doch das ist ein Irrtum. Betrachtet man die so zu Erfolg Gekommenen, dann wird schnell deutlich, dass es sich nur um einen äusseren Erfolg handelt, um eine Fassade, hinter der man häufig Unzufriedenheit, Unglück und traurige Familienverhältnisse findet. Erfolg ohne geistige Fundamente kann nicht er-füllen.

Wir bestimmen unsere Gedanken, indem wir ihnen positive oder negative Inhalte geben. Was heisst positiv nun eigentlich? Das Fremdwörterbuch sagt: «bejahend, zustimmend, ein Ergebnis bringend, vorteilhaft, günstig, gut sicher, genau, tatsächlich.» Gehen wir ins Englische, so finden wir als Erweiterung «to be positiv about something» = «einer Sache ganz sicher sein». Besser könnten wir das Wort nicht erklären. Positiv denken heisst, nicht am Erfolg der eigenen Pläne zweifeln, von der Kraft der eigenen Gedanken überzeugt sein. Setzen wir dies in die Praxis um:

Erstellen Sie sich für jede Woche eine Liste von 10 positiven Gedanken, die Sie realisieren wollen, z.B. nicht mehr ärgern, pünktlich im Büro sein, weniger essen, liebenswürdig zu Ihren Kollegen zu sein. Überprüfen Sie jeden Abend, ob Sie Ihre positiven Gedanken umgesetzt haben. Die Punkte, die Sie am Ende der

Woche nicht erfolgreich abhaken können, übertragen Sie auf die nächste Woche. Um Ihre Gedanken zu verstärken und die positiven Energien zu aktivieren, stellen Sie sich zu dem jeweiligen Punkt auch die entsprechende Situation bildhaft vor.

Erschrecken wir nicht,
anders zu denken, anders zu sein,
die Dinge einmal anders anzupacken,
anders zu reden, anders zu schreiben,
einen neuen Ton im Umgang mit anderen
zu bringen, – kurz etwas NEUES zu tun.
Persönlichkeiten sind deshalb Persönlich-
keiten, weil sie Mut haben,
anders zu sein.

(Emil Oesch)

Positive Gedanken-Ziele

Gedanke   **Gedanke realisiert**

1. Woche

1.

2.

3.

4.

5.

2. Woche

1.

2.

3.

4.

5.

Jede Situation hat verschiedene Aspekte, und es ist gar nicht so schwer, seinen Blick zu erweitern und neue Erkenntnisse, neue Möglichkeiten zu sehen. Was immer auch geschieht, überall ist etwas Positives für denjenigen zu entdecken, der offen dafür ist. Nur sind wir oft eingefahren in unserer Betrachtungs- und Denkweise, so dass wir nicht mehr in der Lage sind, auch andere Bereiche zu sehen. Nehmen Sie eine Blume – im Morgenlicht ist die Blüte noch etwas geschlossen, die Farbe der äusseren Blütenblätter ist in diesem Licht etwas dunkel. In der grellen Mittagssonne leuchten die Farben der geöffneten Blütenblätter hell, und abends im diffusen Licht sieht die Blüte zart und fein aus. Es ist immer dieselbe Blume, die wir sehen, doch die unterschiedlichen Lichtverhältnisse lassen sie uns immer wieder anders erscheinen. So ist es auch mit unseren Schwierigkeiten. Jedes Problem hat verschiedene Perspektiven. Wir können in dem Problem ein Hindernis sehen, wir können aber ebensogut die Situation von allen Seiten beleuchten und werden ganz neue Möglichkeiten herausfinden können. In jeder Schwierigkeit gibt es mindestens einen positiven Aspekt! Es liegt allein an uns, ihn zu sehen. Auch hier können wir durch gezielte Arbeit lernen, Positives zu sehen.

Arbeitsblatt Nr. 13

Schwierigkeit Nr. 1:

hat folgende Aspekte:

hat folgende **positive** Aspekte:

Schwierigkeit Nr. 2:

hat folgende Aspekte:

hat folgende **positive** Aspekte:

Schwierigkeit Nr. 3:

hat folgende Aspekte:

hat folgende **positive** Aspekte:

Zum positiven Denken gehört Aufgeschlossenheit, d.h. in jedem Menschen und in jeder Situation eine Chance zur Weiterentwicklung zu sehen. So gebe ich mir ebenso wie meinen Mitmenschen die Gelegenheit, Gutes zu tun. Wichtig ist, dass ich jede Möglichkeit nutze.

> **«Nehmen wir den Menschen, wie er ist,**
> **machen wir ihn schlechter als er ist.**
> **Nehmen wir den Menschen, wie er sein soll,**
> **dann machen wir ihn zu dem, der er werden kann.»**
>
> (Goethe)

Auch bei der Arbeit können wir mit einer positiven Einstellung zu grösserer Erfüllung finden. Das zeigt uns deutlich die Geschichte von den Arbeitern, die sich auf einer Strasse in Paris mit mächtigen Steinblöcken abmühten. Auf die Frage eines Spaziergängers «Was machen Sie da?» antwortete der eine: «Steine hauen», der zweite: «Geld verdienen» und der dritte: «Eine Kathedrale bauen». Menschen, die dabei sind, eine Kathedrale zu bauen, die kann so leicht nichts aus der Bahn werfen – sie haben ein Ziel vor Augen, das ihnen die mühsame Arbeit, die notwendig für die Erreichung des Ziels ist, leicht macht.

So löse ich meine Angst auf

Wir haben festgestellt, wie sehr sich die Angst im Leben ausbreiten kann. Damit Sie Ihre Ängste auflösen können, haben wir 4 Punkte für Sie erarbeitet, die Ihnen dabei helfen:

1. Geistige Angstprojektion auf eine andere Person
Stellen Sie sich zwei Wochen lang bildlich vor, wie ein anderer sich in Ihrer Angstsituation befindet. Wenn Sie Angst vor dem Fahrstuhlfahren haben, dann stellen Sie sich Ihren Freund vor, wie er täglich im Aufzug fährt. Sehen Sie ihn vor Ihrem geistigen Auge, wie er ein- und aussteigt, wie der Aufzug sich nach oben und unten bewegt. Da es sich nur um eine Vorstellung und auch um eine andere Person handelt, werden Sie sich bei diesem Gedanken bald besser fühlen.

2. Bildhaftes Vorstellen der Angstsituation
In den nächsten zwei Wochen sehen Sie sich selbst in dieser Lage. Machen Sie sich bewusst, dass Ihnen absolut nichts passieren kann, schliesslich erleben Sie die Situation nur in Gedanken. Gehen Sie mehrmals täglich geistig, in diese kritische Situation – solange bis Sie dabei ruhig sind, bis Sie sich nicht mehr aufregen. Stellen Sie sich die Situation ohne jegliche Angst vor. Es kann Ihnen gar nichts passieren!

3. Die Konfrontation mit der Realität
Nun schauen Sie sich den Fahrstuhl an, drücken den Knopf, blicken in die Kabine, wenn die Tür sich öffnet. Dann gehen Sie wieder. Diese Übung machen Sie solange, bis auch das Betreten des Fahrstuhls Sie ganz kalt lässt. Als nächstes gehen Sie in die Fahrstuhlkabine, schliessen die Tür und öffnen sie gleich wieder. Auch das üben Sie einige Tage. nun bleiben Sie im Fahrstuhl, fahren in die erste Etage.

Sie wissen, dass Ihnen nichts passiert, und erleben diese Erkenntnis nun als Realität.

Auf diese Weise arbeiten Sie sich Stockwerk für Stockwerk nach
oben.

4. Die vollkommene Auflösung der Angst

Gehen Sie regelmässig durch die Situationen, die Ihnen Angst
eingeflösst haben. Auf diese Weise lösen Sie Ihre Angst ganz auf.
Jeder Angstauslöser nutzt sich im Lauf der Zeit ab, wenn Sie in
die Situation hineingehen – selbst wenn es erst nur durch eine
bildhafte Vorstellung ist. Unsere Schritte zur Auflösung der Angst
sind so klein, dass Sie jederzeit auch einmal wieder einen Schritt
zurückgehen können, wenn Sie sich unsicher fühlen sollten. Sie
werden Ihre Angst mit dieser Methode ganz auflösen können,
wenn Sie konsequent an sich arbeiten.

Falls Sie Schwierigkeiten mit der Imagination haben sollten, ma-
len Sie z.B. ein Haus, eine Blume etc. auf ein Blatt Papier und betrachten diese Zeichnung eine Minute lang. Dann schliessen Sie
die Augen und stellen sich den gemalten Gegenstand vor. Dies
wiederholen Sie solange, bis es Ihnen leichtfällt, sich auch andere
Gegenstände, die Sie betrachten, geistig-bildhaft vorzustellen.
Von diesen Gegenständen können Sie dann leicht zu Lebenssi-
tuationen übergehen und sich vorstellen, wie Sie am Strand liegen, die Wellen plätschern hören und die Sonne auf Ihrer Haut
spüren.

Befreiung von Schuldgefühlen

Um wirklich frei zu werden genügt es nicht, nur die Angst aufzulösen – wir müssen uns auch frei machen von Schuldgefühlen, die wir uns selbst eingeben oder die wir uns von anderen Menschen aufbürden lassen. Schuldgefühle sind immer nur eine Vorstellung in unserem Bewusstsein. Die einzige Schuld, die es gibt, ist die Unwissenheit – und wir sind bemüht, sie zu beseitigen. Wir wissen, dass Gott uns alles verziehen hat. Warum sollten wir strenger mit uns sein als Gott? Verzeihen wir uns – verzeihen wir uns alles, was wir falsch gemacht haben. Diese Fehler waren notwendig für unseren Weg der Erkenntnis, sie haben uns die Möglichkeit zum Lernen gegeben, und wir können die Konsequenzen ziehen, können jetzt richtig handeln. Machen Sie sich bewusst, welche Schuldgefühle sich bei Ihnen eingeschlichen haben, indem Sie das nächste Arbeitsblatt ausfüllen. Unterteilen Sie in Schuldgefühle, die Sie selbst verursachen, und in solche, die Ihnen andere Menschen auflasten. Wenn Sie sich schuldig fühlen, weil Sie einem Freund finanziell nicht aus der Patsche helfen konnten, da Sie selbst kein Geld haben, so gehört das zur ersten Kategorie. Wenn Ihr Partner Ihnen vorwirft, dass Sie schuld daran seien, dass er nicht glücklich ist, dann haben wir hier die Projektion von aussen. Finden Sie die Ursachen heraus, damit solche destruktiven Gefühle aufgelöst werden können.

Im zweiten Fall sollten Sie erkennen, dass jeder für sein Leben selbst verantwortlich ist. Natürlich ist es viel einfacher, alle Schuld auf andere abzuwälzen, anstatt an sich zu arbeiten. Wenn Ihr Partner nicht glücklich ist, liegt es an ihm – er geht lediglich den einfachen Weg, seine Enttäuschung über sich auf Sie abzuschieben. Solange Sie diesen Vorwurf annehmen, funktioniert das wunderbar, und Sie werden in dieser Situation verharren.

Ursache: Keine Eigenverantwortlichkeit des Partners.

Lösung: Machen Sie ihm die Situation klar, zeigen Sie ihm einen Weg zur Selbsterkenntnis und lassen Sie seinen unberechtigten Vorwurf nicht auf sich wirken.

Wenn Sie Ihrem Freund nicht helfen können, dann liegt die Ursache darin, dass er sich finanziell übernommen hat; also einen Fehler gemacht hat. Sie können dafür nicht einstehen, weil Sie dazu nicht die Voraussetzungen haben. Es gibt keinen Grund für ein Schuldgefühl. Jeder verursacht seine Probleme und muss die Lösung finden – Sie haben genügend damit zu tun, Ihre Probleme zu lösen; Sie können nicht auch noch die Probleme anderer übernehmen.

Ursache: Liegt beim Freund.
Lösung: Sie nehmen Ihre Situation an und stehen dazu.

Schuldgefühle auflösen

A) Ich fühle mich schuldig an
   (innere Ursache)   **Ursache:**   **Lösung:**

B) Ich fühle mich schuldig
   (äussere Ursache)   **Ursache:**   **Lösung:**

7 Schritte zur Problemlösung

1. Schritt

Die Konfrontation mit dem Problem, d.h. genaue Definition des Problems und des Ziels. In der **richtig formulierten Frage ist die Antwort** bereits enthalten.

2. Schritt

Alle Möglichkeiten gründlich durchdenken.
Was würde ich einem Freund in dieser Lage vorschlagen?
Nicht umsonst sagen auch die Chinesen: **«Die eigenen Fehler erkennt man besten mit den Augen anderer.»**
Es ist immer einfacher, einem anderen einen guten Rat zu geben, weil wir in diesem Fall eine andere Perspektive haben. Lassen wir uns selbst diese distanzierte Blickweise zugute kommen.

3. Schritt

Keine Ausrede gelten lassen.
«Ich kann das nicht», «ich bin zu schwach, habe zu wenig Zeit oder Geld» – das sind Gedanken, die wir uns schleunigst und möglichst für immer abgewöhnen sollten.
Machen Sie sich **ein neues Bild von sich** selbst:
«Ich bin eine erfolgreiche Persönlichkeit». Arbeiten Sie mit positiven Suggestionen, denn Sie wissen um die Wirkung Ihrer Gedanken: «Ich erreiche mein Ziel; ich meistere jede Situation souverän» etc. Wenn Sie in Ihrem Problem die Möglichkeit erkennen, zu lernen und sich weiterzuentwickeln, dann werden Sie viel leichter damit umgehen und folglich auch eher eine Lösung finden können.

Erinnern Sie sich? **Leben ist Lernen.** Gewissermassen ist ein Problem sogar ein Kompliment des Schicksals – je schwieriger das Problem, desto grösser das Kompliment. Sehen Sie in einem Problem einen Massanzug, der genau auf Ihre Situation zugeschnitten ist.

4. Schritt

Praktische Erprobung der besten Lösungsmöglichkeiten, sofern das möglich ist. Natürlich sollten Sie nicht gleich eine Ehe auf Probe eingehen, sondern lieber das Zusammenleben ohne Trauschein für eine bestimmte Zeit versuchen, und dann können Sie den nächsten Schritt machen.
Falls Sie keine Lösungsmöglichkeit sehen, fragen Sie sich:
– unter welchen Umständen gäbe es eine Lösung?
– wie schaffe ich diese Umstände?

5. Schritt
Erprobte Pläne immer wieder nutzen. Das Leben stellt uns immer wieder vor ähnliche Aufgaben. Mit leichten Änderungen lassen sich gute Erfahrungen – der jeweiligen Situation angepasst – immer wieder nutzen.

6. Schritt

Misserfolge erkennen.
Fragen Sie sich, warum hat es **so** nicht geklappt? Es gibt auch einen – oder mehrere – andere Wege. Beginnen Sie wieder bei dem ersten Schritt.
Fazit: Für den Erfolgreichen ist der Misserfolg nur ein Zwischenergebnis.

7. Schritt

Den ersten Schritt zur Lösung **jetzt tun**. Jetzt ist immer der beste Augenblick, den ersten Schritt zur Lösung zu tun, denn dieser Moment kommt nie wieder zurück. Er ist unwiederbringlich vorbei, wenn Sie ihn nicht nutzen. Die Situation wird nie mehr so sein, wie sie eben war. Also – zögern Sie nicht, handeln Sie!

Der geistige Standpunkt ist entscheidend für uns, ob wir überhaupt ein Problem haben können. Jeder von uns ist eine ewig lebende Seele, und dieses heutige Leben ist nur eines von unzähligen Leben, das uns immer wieder neue Erfahrungen ermöglicht. Unsere jetzige Schwierigkeit ist also nur eine von vielen, die wir schon bewältigt haben. Warum also sollten wir uns hier aufregen? Wir werden ruhig und gelassen auch dieses Problem lösen und ihm die Bedeutung beimessen, die ihm zusteht – nämlich eine untergeordnete.
So entwickeln wir geradezu eine sportliche Einstellung zu unseren Schwierigkeiten. Wir suchen und finden in aller Ruhe die beste Lösung, führen sie durch und sind bereit für die nächste Aufgabe, die das Schicksal uns anbietet.

Nehmen Sie Ihr derzeitiges Hauptproblem und lösen Sie es, indem Sie nach den 7 Schritten vorgehen.

Problem-Lösung nach dem Fisch-Plan

Unser Anti-Ärger-Programm

Wir wissen um Ursache, Wirkung und Folgen des Ärgers;

– niemand kann mich ärgern – nur **ich ärgere mich**
– ich muss mich nicht ärgern, es sei denn, ich will es
– Ärger kostet Kraft, Zeit und Gesundheit
– Ärger bringt keinen Vorteil

Ich löse deshalb den Ärger auf, indem ich

– nichts mehr von anderen erwarte
– akzeptiere, dass jeder das Recht hat, so zu sein, wie er ist
– mir alles verzeihe
– anderen verzeihe
– an jedem Problem wachse und lerne
– Ärger in positive Energie umwandle
– bewusst **ja** zu mir sage
– mich für ein Leben ohne Ärger entscheide

Um die Tür für das von uns angestrebte Leben ohne Ärger zu öffnen, gibt es drei Schlüssel:

1. Schlüssel

Es ist falsch zu denken, wir **müssten** uns über dieses oder jenes ärgern. In Wirklichkeit treffen wir unsere eigene freie Entscheidung in jeder Lage. Wir vermeiden die Zwangsläufigkeit des Ärgers, indem wir dem anderen sein Verhalten verzeihen – und zwar bevor wir beginnen uns zu ärgern. Natürlich könnten wir auch zurückschlagen. Wir dürfen alles tun, sogar das, was uns schadet. Doch warum sollten wir? Wo liegt hier der Nutzen?

Fazit:
Niemand auf dieser Welt hat die Macht uns zu ärgern – ausser wir selbst. Indem wir verzeihen, erübrigt sich der Ärger.

2. Schlüssel

Wir ärgern uns, weil die Realität nicht mit unseren Erwartungen übereinstimmt. Wir könnten uns zwar bemühen, die Realität unseren Erwartungen anzupassen, was jedoch nicht immer durchführbar ist. Aber es ist immer möglich, unsere Erwartung aufzulösen. Sobald wir ohne Erwartung leben, kann die Realität nicht mehr mit unseren Vorstellungen kollidieren – wir machen uns frei vom Ärger. Wir erwerben uns ein neues Lebensgefühl ohne Enttäuschung, ohne verletzt, beleidigt, gekränkt oder aggressiv zu sein.

Fazit:
Im Loslassen unserer Erwartungen liegt unser Gewinn.

3. Schlüssel

Wir fragen nicht mehr danach, **wer** uns geärgert hat, sondern lieber danach, **was** uns ärgert. Die Beziehung zu unseren Mitmenschen bleibt dadurch ungetrübt, weil der Ärger nicht mehr personengebunden ist. Wir sind offen für den anderen, sprechen mit ihm und sind bereit, zuzuhören und den Ärger aus der Welt zu schaffen. Wenn uns tatsächlich dann immer noch etwas ärgert, erinnern wir uns daran, dass dies lediglich ein vorübergehender Zustand ist. Wir nutzen die Zeit konstruktiv, indem wir die Dinge, die noch nicht richtig sind, in Ordnung bringen. So vermeiden wir es, uns aufzuregen und nutzen Kraft und Zeit auf positive Weise – zu unserem Vorteil.

Nehmen Sie Ihre grösste Ärger-Situation und gehen Sie nach den drei Schlüsseln vor.

Ärger-Schlüssel

1. Schlüssel – Die Entscheidung

Meine Entscheidung für Ärger:

Meine Entscheidung für Harmonie:

2. Schlüssel – Die Erwartung

Was muss ich ändern?

– Die Realität oder

– meine Einstellung

3. Schlüssel – was – wie

Was hat mich geärgert?

Wie löse ich den Ärger auf?

Und jetzt stellen Sie sich vor den Spiegel und erzählen sich Ihren Ärger. Sie halten das kaum eine Minute aus, weil Sie lachen müssen. Und ist es nicht wirklich lächerlich, worüber Sie sich eben noch geärgert haben???

Fazit:

Lachen ist die beste Medizin.

Viele Menschen von uns ärgern sich über ihre Mitmenschen, besonders, wenn Dummheit mit Dreistigkeit gepaart ist. Ihre nicht erfüllte Erwartung erzeugt in Ihnen Disharmonie. Sie urteilen, gestehen einem anderen nicht zu, dumm **und** dreist zu sein, und ver-urteilen dann. Sie akzeptieren entweder Dummheit oder Dreistigkeit. Damit setzen Sie Grenzen, die von einem dumm-dreisten Menschen verletzt werden. Die Unvollkommenheit dieser Menschen vereinbart sich nicht mit Ihrer vollkommeneren Erwartung. Und was passiert? Sie ärgern sich.

Wenn Sie z.B. durch die Unvollkommenheit eines Mitmenschen in Zeitnot geraten, weil er einen vereinbarten Zeitraum überschreitet, dann sollten Sie nicht ärgerlich und ungeduldig werden sondern ihn darüber informieren, dass die vereinbarte Zeit vorbei ist. Wenn er noch etwas zu besprechen hat, dann geben Sie ihm einen neuen Termin. Sie treffen eine Entscheidung, zeigen eine konstruktive Lösung auf, und schon haben Sie die Ursache für ein Ärgernis abgebaut. Möchte jemand einen Termin bei Ihnen, dann betrachten Sie dies als ein Angebot. Haben Sie keine Zeit oder auch keine Lust, dann sagen sie «Jetzt geht es nicht, aber morgen habe ich wieder Zeit.» So bleiben Sie auf einer neutralen Ebene, über die sich keiner zu ärgern braucht. Sie bestimmen die Lage durch Ihre Einstellung zur Situation. Sehen Sie auch im Klingeln des Telefons lediglich ein Angebot. Sie sind nicht verpflichtet es anzunehmen – also den Hörer abzuheben. Sie entscheiden, ob und wann Sie jemanden sprechen möchten.

Indem wir negative Emotionen durch Erkenntnis auflösen, werden wir zu dem Menschen, der wir sein wollen.

Nun ärgern Sie sich auch über sich selbst, über die eigene Unvollkommenheit, z.B. dass Sie nie rechtzeitig fertig werden. Nehmen Sie sich weniger vor! Sie kennen Ihr Tempo; Sie wissen aus eigener Erfahrung, wieviel Sie in einer bestimmten Zeit erledigen können. Dabei sollten Sie immer Unvorhergesehenes einkalkulieren. Dann machen Sie sich Ihren Plan, was zu schaffen ist, und planen die restliche Arbeit für einen anderen Zeitraum ein. Setzen Sie dabei Prioritäten, machen Sie eine Liste, was wichtig ist und was warten kann. Nicht alles, was auf den ersten Blick dringlich und eilig erscheint, ist auch wichtig. Setzen Sie die Wichtigkeit an erste Stelle! Nehmen Sie Ihren Tagesplan und machen Sie eine Zeitplanung –kurzfristig – mittelfristig – langfristig. Das bedeutet, dass Sie die wichtigsten Dinge zuerst erledigen, die weniger wichtigen können Sie auf die nächsten Tage verschieben. Doch sollten Sie sich ein Zeitlimit setzen – einen festen Termin, an dem jede Aufgabe erledigt sein muss.
Die folgende Liste können Sie für einen Tag, eine Woche, einen Monat bis hin zur Jahresplanung erstellen. Zur besseren Übersicht können verschiedene Farben verwendet werden. Streichen Sie die erledigten Punkte aus – so sehen Sie auf einen Blick, was noch zu tun ist. Nutzen Sie Ihre Erkenntnisse bei der nächsten Terminplanung.

Zeitplanung

Verteilen Sie Zahlen je nach Wichtigkeit, so dass Sie bei Nr. 1 beginnen und entsprechend der Wertung fortfahren können.

Montag

Wichtig   **Termin:**   **letzter End-Termin:**

1.

2.

3.

4.

5.

Je besser wir lernen, mit unserer Zeit umzugehen, desto mehr haben wir von diesem kostbaren Gut zur Verfügung. Der Erfolgreiche hat immer genügend Zeit für alles, was ihm wichtig ist. Nur der Erfolglose jammert über zu wenig Zeit. Lassen Sie sich Ihre Zeit nicht stehlen; weder von anderen noch durch eigenes sinnloses Vertrödeln. Zeit ist nicht nur Geld, sondern was viel wichtiger ist: Zeit ist Leben! Wir können unser Leben um 5 Jahre verlängern, wenn wir jeden Tag eine Stunde früher aufstehen. Weitere Jahre können wir gewinnen, wenn wir gesund und in Harmonie leben. Dieser unserer Zeit können wir Qualität geben, indem wir bewusst leben. «Lebe jede Minute so, als wäre es Deine letzte!» Was würden Sie tun, wenn Sie wüssten, Sie hätten nur noch ein Jahr zu leben? Sie würden die wichtigsten Dinge erledigen, würden nur noch das tun, was Ihnen Spass macht. Und warum tun Sie das nicht schon heute? Vergeuden Sie Ihre Zeit nicht, leben Sie die Zeit, füllen Sie Ihre Zeit mit Ihren Werten, mit Freude, Liebe und Glück.

Tun Sie alles – in jeder Minute – ganz, wenden Sie sich jeder Aufgabe voll zu, so als wäre es die einzige. Das was Sie nämlich im Moment tun, ist in diesem Augenblick das wichtigste. Auch Wartezeiten beim Friseur, am Bahnhof etc. können so bestens genutzt werden, indem Sie sich einen Tagesplan erstellen, einen Brief konzipieren oder mit unseren Arbeitsbögen arbeiten.

Streichen Sie «leere» Zeiten aus Ihrem Leben. Sicher kennen Sie Parties oder Vorträge, von denen Sie im vorhinein bereits wissen, dass Sie sich langweilen, dass Sie sich hinterher fragen: «Warum bin ich wieder hierher gegangen, obwohl ich wusste, dass es uninteressant wird. Es bringt nichts.» Ändern Sie solche Gewohnheiten! Nutzen Sie künftig Ihre Zeit sinnvoll. Dazu müssten Sie sich ganz genau darüber im klaren sein, was für Sie sinnvoll und schön ist.

Sinn-volle Nutzung der Zeit

Welche Beschäftigungen geben mir etwas, machen mich glücklich und bereichern mein Leben:

1.

2.

3.

Welchen zeit-tötenden Gewohnheiten will ich künftig nicht mehr nachgehen?

1.

2.

3.

«Ich weine meiner Unwürdigkeit, wenn ich mein Leben sehe in den Händen der nichtsagenden Stunden»

(Tagore)

Die Schlüssel zum Glück

Wir haben uns mit unseren goldenen Schlüsseln der Erkenntnis den Weg geöffnet in eine Zukunft ohne Ärger, wir wollen noch einen Schritt weitergehen und uns das Reich des Glücks erschliessen:

1. Schlüssel
– Die Bedürfnisse reduzieren.
«Reichtum ist, wenn man mehr hat, als man braucht» und «Am reichsten sind die Menschen, die auf das meiste verzichten können».

(Tagore)

2. Schlüssel
– Loslassen
Jede Bindung verursacht unweigerlich Leid. Wir können glücklich werden, indem wir alle Bindungen loslassen: Bindung an Dinge, an Menschen, an die Welt und an das Leben. Wir erhalten dafür Freiheit – die Freiheit in jeder Minute zu gehen. Dann erst können wir, wo immer wir auch sind, das Leben in all seinen Formen geniessen.

3. Schlüssel
– Rechtes Denken, Fühlen und Handeln
Wir können denken; setzen mit unseren Gedanken Ursachen. Jeder Gedanke ist ein Schöpfungsakt. Wir treten unser geistiges Erbe an, indem wir denken – bewusst – denken, uns in Gedankendisziplin üben. Dadurch setzen wir bewusst Ursachen und erhalten dafür das Leben, das wir wollen, das unseren Gedanken entspricht.

4. Schlüssel
– Erfülle den Augenblick
Das, was wir tun, sollten wir mit ganzem Bewusstsein und mit Freude tun. Denn wenn es wert ist, überhaupt getan zu werden, dann ist es auch wert, gut und freudig getan zu werden.

5. Schlüssel
– Liebe Deinen Nächsten
Nehmen wir uns selbst nicht so wichtig. Erkennen wir die Einheit allen Seins, erkennen wir in jedem Wesen das reine, individuelle Bewusstsein. Übernehmen wir deshalb auch für andere die Verantwortung, indem wir helfen und da sind.

«Mache andere glücklich und du wirst glücklich sein.»

6. Schlüssel
– Das Glück in sich selbst finden.
Solange wir es aussen suchen, werden wir vergeblich suchen. Glück kann nur inneres Sein ausmachen. Bin ich mit der äusseren Welt in Harmonie, kann ich zufrieden sein. Bin ich aber mit der Schöpfung in Harmonie, fühle ich das Glück in mir.

7. Schlüssel
– Meditation und Gebet.
Niemand wird ein erfülltes Leben leben und zur Vollkommenheit gelangen, ohne diesen letzten Schlüssel. Er ist der wichtigste, der Hauptschlüssel, aber er wird am wenigsten genutzt.

**«Im Gebet spreche ich zu Gott.
In der Meditation spricht Gott zu mir.»**

Die Geheimnisse des Erfolgs

- Ich beginne jetzt ein neues glückliches und erfolgreiches Leben.

- Ich beginne jeden Tag mit Freude und Liebe in meinem Herzen.

- Ich setze mich für meine Ziele beharrlich ein.

- Ich lebe jetzt – so als wäre heute mein letzter Tag.

- Ich bin der Meister meiner Gefühle

- Ich gebe allen Dingen ihren zustehenden Wert.

- Ich weiss, dass nichts beständiger ist als der ständige Wandel.

- Ich nehme mich deshalb nicht so wichtig.

- Ich handle JETZT.

- Ich glaube an die Allmacht, Allgegenwart und Allwissenheit des Unendlichen, Universellen und Unsichtbaren.

- Es genügt mir nicht, allein nur zu wissen – ich weiss, dass ich dieses Wissen auch anwenden muss.

- Es genügt mir nicht, nur zu wollen – ich muss es auch TUN.

Ich bin auf dem richtigen Weg

– wenn ich immer wieder mein Leben danach überprüfe, was zu
  ändern ist;
– wenn ich immer wieder in die Stille gehe, um meine Seele zu
  klären und meinen Blick für das Wesentliche zu schärfen;
– wenn ich erkenne, dass nicht der Platz wichtig ist, den ich habe,
  sondern, wie ich ihn ausfülle;
– wenn ich jedem Menschen gestatte, so zu sein, wie er ist;
– wenn ich ihm dann von vornherein alles vergeben kann;
– wenn ich erkenne, dass niemand mich ärgern, kränken, beleidi-
  gen, enttäuschen oder verletzen kann;
– wenn ich erkenne, dass ich allein über meine Gedanken und
  Gefühle entscheide;
– wenn ich hinter allem die Wahrheit und Wirklichkeit erkennen
  kann;
– wenn ich mein Leben in den Dienst am Nächsten stelle und der
  Gemeinschaft diene;
– wenn ich meinem wahren Selbst die Herrschaft über mich über-
  gebe;
– wenn ich die Gesetze des Lebens erkenne und beachte und so
  mein geistiges Erbe antrete;
– wenn ich meinen Körper als Tempel Gottes rein halte;
– wenn ich erkenne, dass ich mein Schicksal verursache, und
  weiss, dass Gott will, dass ich gesund und glücklich bin;
– wenn ich erkenne, dass es weder unverdientes Glück noch unverdientes Leid gibt, sondern nur Ursache und Wirkung;
– wenn ich erkenne, dass jede Krankheit hilft zu verstehen, hilft
  die Harmonie und Ordnung wiederherzustellen;
– wenn ich erkenne, dass der Mensch als Mitschöpfer berufen ist
  und ich Gott bewusst durch mich wirken lasse;
– wenn ich meine Aufmerksamkeit mehr und mehr nach innen
  richte;

– wenn ich im Tod die Krönung des Lebens sehen kann und ich
durch Loslassen von allem Äusseren leicht und friedlich sterbe;
– wenn ich weiss, dass ich reines Bewusstsein bin, das weder geboren werden noch sterben kann;
– wenn ich erkenne, dass das, was wir Leben nennen, nur ein Tag
meines ewigen Seins ist;
– wenn ich erkenne, dass der beste Weg, sich für das nächste
Leben vorzubereiten, darin liegt, dieses Leben wirklich zu
leben;
– wenn ich gleich beim Erwachen den Tag Gott weihe;
– wenn ich all das, was ich schon als gut und richtig erkannt habe,
auch praktisch lebe;
– wenn ich **ja** zu mir sagen kann.

Alles ist gut – so wie es ist!

Es war einmal ein Kalif, der schickte seinen Grosswesir jedes Jahr zu einem weisen Mann, damit auch er Weisheit lernen möge. Als der Grosswesir wieder einmal von dieser jährlichen Reise zurückkam, fragte ihn der Kalif, was er denn diesmal gelernt habe. Der Grosswesir antwortete: «Alles ist gut, so wie es ist.» Der Kalif sagte: «Na gut, aber was sonst noch», doch der Grosswesir antwortete immer nur: «Alles ist gut, so wie es ist.» Kurz darauf liess sich der Kalif die Haare schneiden. Der Friseur schnitt ihn aus Versehen tief ins Ohr. Da sagte der Kalif zu seinem Grosswesir: «Lasse diesen Mann bestrafen.» Der Grosswesir antwortete auch hierauf nur mit: «Alles ist gut, so wie es ist». Da wurde der Kalif sehr zornig und liess den Grosswesir ins Gefängnis werfen, dann ritt er aus. In seinem Zorn ritt er immer weiter und weiter und merkte nicht, dass er in das Gebiet der Menschenfresser kam. Die Menschenfresser fingen ihn und wollten ihn fressen, aber als sie seinen Schnitt am Ohr sahen, liessen sie ihn frei, denn sie frassen nur makellose Menschen. Glücklich ritt der Kalif zurück in seinen Palast, liess den Grosswesir aus dem Gefängnis holen, um ihm die ganze Geschichte zu erzählen. Mit Tränen in den Augen entschuldigte er sich bei ihn und sagte: «Wenn nicht dieser Schnitt gewesen wäre, hätten mich die Menschenfresser gefressen. Ich Undankbarer stecke Dich dafür auch noch ins Gefängnis!» Doch der Grosswesir antwortete wieder nur: «Alles ist gut, so wie es ist.» Der Kalif fragte: «Wieso soll das denn gut sein, wenn ich Dich ins Gefängnis stecke dafür, dass Du mir das Leben gerettet hast?» «Nun», sagte der Grosswesir, «wenn Du mich nicht ins Gefängnis gesteckt hättest, wäre ich doch bei Dir gewesen, und mich hätten die Menschenfresser gefressen, denn mein Körper ist makellos.»

Sie werden nach dieser kleinen Geschichte sagen, dass noch ein langer Weg vor Ihnen liegt, bis Sie sich eine solche Gelassenheit erarbeitet haben. Doch Sie irren! Sie sind bereits auf diesem Weg, und das Ziel ist viel näher, als Sie glauben. Denken Sie an Ihren Entschluss: **Schach dem Ärger** und **ja** zu einem erfüllten, bewussten Leben!

**«Alles ist gut,
so wie es ist».**

Meine persönlichen Notizen

Meine persönlichen Notizen

Meine persönlichen Notizen

RVA

RUB!N

Wissen

Harmonie

Gesundheit

Lebensfreude

Interessieren Sie sich für Bücher und Ausbildungslehrgänge der Fachgebiete: Esoterik, Lebenshilfe, Gesundheit, Geisteswissenschaften, Para- und Humanpsychologie? Möchten Sie die Lösung von gewissen Lebensproblemen mit Suggestions- und Subliminalkassetten unterstützen? Dann sind wir für Sie der ideale Partner. In unserem grossen Angebot finden Sie jederzeit das Richtige für Ihre speziellen Bedürfnisse!

Untenstehenden Talon ausschneiden und einsenden an:

RVA RUBIN VERLAGSAUSLIEFERUNG, Torkelgass 40, FL-9494 Schaan

- -

Ich interessiere mich für das RVA RUBIN: ❑ *Verlagsangebot* ❑ *Seminarangebot und möchte gerne regelmässig informiert werden.*

Name: . . . .

Adresse: . . . .

PLZ, Ort: . . . .

Meine persönlichen Notizen